Der schwarze Schimmel

>‹ Wegzeichen für Pfadfinderleiter - Smarties Leiterhandbuch

http://pfadfinderei.eu

>>< Impressum:

Bibliografische Information der Deutschen Nationalbibliothek
Die Deutsche Nationalbibliothek verzeichnet diese Publikation in der Deutschen Nationalbibliografie; detaillierte bibliografische Daten sind im Internet über http://dnb.d-nb.de abrufbar.

Titel: Der schwarze Schimmel

Autor: Matthias Surovcik

Graphiken und Layout: Matthias Surovcik

Wertvolle Unterstützung: Katharina Surovcik

1. Auflage

Erstveröffentlichung: Mai 2008

Verwendete Schriftart: Charis SIL

Herstellung und Verlag: Books on Demand GmbH, Norderstedt

ISBN: 978-3-837-02591-0

http://pfadfinderei.eu

〉〈 Inhaltsverzeichnis

>)< Widmung

Dieses Büchlein widme ich meiner wundervollen kleinen Tochter Ann-Katrin, ein Mädchen geboren im August 2006 mit beiden Eltern aus der bündischen Pfadfinderei.

Mein kleiner Spatz, Du bist das Wundevollste auf der ganzen weiten Welt für mich. Und genau diese weite Welt möchte ich Dir zeigen. Ich liebe Dich über alles und werde Dich als Dein Papa auf Deinem Pfad, den Du selbst finden musst in Deinem Leben, begleiten.

>)(Einleitung

Ich behaupte nicht unveränderliche Wahrheiten zu kennen. Ich behaupte nicht den Stein der Weisen gefunden zu haben. Ich behaupte auch nicht, mit diesem Werk eine eierlegende Wollmilchsau der Pfadfinderei züchten zu können.

Es ist einfach ein Handbuch für Jungleiter, Leiter und vielleicht den einen oder anderen Vorstand.

Viele der hier beschriebenen Aspekte repräsentieren meine ganz persönliche Meinung. Nimm Dir einfach das heraus was Dir gefällt. Den Rest schaue Dir kritisch und selbstkritisch an. Ich habe nach bestem Wissen und Gewissen hier meine Sicht der Pfadfinderei, wie ich sie lebe und praktiziere, als Leiterhandbuch niedergelegt.

Dieses Buch ist die dritte, überarbeitete Fassung des Onlineprojektes „Der schwarze Schimmel". Es wird aber in Zukunft noch erweitert und erneuert. Schaue also auf http://pfadfinderei.eu ob nicht bereits Erweiterungen zum Download bereit stehen. Dieses Büchlein ist in gebundener Form über den regulären Buchhandel, aber auch über meine Internetseite, erhältlich. Als pdf für den privaten, nichtkommerziellen Gebrauch ist dieses Buch völlig kostenlos, unterliegt aber dennoch dem Copyright. Jeder darf die Datei gerne nutzen und die Url weitergeben, jedoch die Datei nicht verändern und auch nicht den

Copyrighthinweis entfernen. Auch darf die Datei nicht gedruckt werden. Die exklusiven Druck- und Kopierrechte liegen beim Verlag. Es war mir aber sehr wichtig, den Inhalt jedem frei zur Verfügung zu stellen, daher gibt es die pdf. Mehr hierzu auf meiner Internetseite.

Ich stelle hier eine Sammlung meiner langjährigen Erfahrung als Leiter, sowie bündischer Pfadfinder und als Vorstand sowie Ausbildungsleiter meines Stammes jedem zur Verfügung. Eine kurze Erläuterung meiner pfadfinderischen Entwicklung findest Du im Kapitel „Über den Autor". Weitere Informationen über mich findest Du auf meinen Internetseiten http://pfadfinderei.eu und http://kursleiter.eu

Ich bin auch immer offen für Ideen und Vorschläge zur Erweiterung dieses Werkes sowie für allgemeines Feedback. Auf meiner Internetseite http://pfadfinderei.eu kannst Du mir auch eine Email schicken.

Ein herzliches Horridoh und Gut Pfad

Smartie

>>< Der Pfadfinder – eine Definition

„Ich bin Pfadfinder" ist etwas mehr, als „Ich bin bei den Pfadfindern". Die zweite Aussage schafft immer ein Lächeln auf meinen Lippen. Ich empfinde es als höchst interessant, dass man „bei den Pfadfindern" oder „Pfadfinder" sein kann. Doch was heißt das? Wo ist der Unterschied? Ich kann z. B. entweder ein Mann bzw. eine Frau sein oder nicht. Ein Mann kann auch mal „bei den Frauen" sein aber nicht selbst „Frau" sein (Das mit den lustigen Möglichkeiten der modernen Chirurgie sowie die Reinkarnationsmodelle lassen wir mal außer Acht, ok?).

Vereinfacht ausgedrückt könnte man sagen, dass jemand, bis er sein Halstuch bekommt und sein Versprechen ablegt – auch wenn er an allen Veranstaltungen genauso teilnimmt wie alle anderen – nur „bei den Pfadfindern" und erst nach dem Versprechen und der Aufnahmefeier „Pfadfinder" ist.

Im Endeffekt muss es aber doch jeder selbst definieren, als was er sich sieht und bezeichnet.

Was tun wir Pfadfinder denn? Sind wir lediglich eine Bespaßungsvereinigung für Kinder? Sind wir ein Club von Experimentalpädagogen? Bieten wir Spannung, Spiel und Abenteuer? Was wollen wir erreichen? Was unterscheidet uns von anderen Vereinen? Es gibt sehr viel sehr gute Jugendarbeit!

Sind wir einfach eine Anlaufstelle für verrückte Kinder, die einfach durch den Wald robben wollen, so wie ein Fußballverein eine Anlaufstelle für die ist, welche einem Ball hinterher rennen wollen?

„Learning by doing" oder „Erziehung zu eigenständigen, selbstbewussten und mündig selbst denkenden Menschen" sind Schlagzeilen, welche sicherlich zentrale Aspekte der Pfadfinderarbeit darstellen. Aber ist das wirklich der Grund, warum jemand Pfadfinder wird? Oder passiert das einfach „so" bei uns?

Die zentralen, fast schon magischen Wörter der Pfadfinderei sind sicherlich „Fahrten, Abenteuer, Lager, Freiheit und Gemeinschaft". Umso magischer wirken diese Worte in Liedern die zum Klang der Klampfen am prasselnden Feuer klingen. Welcher Zauber liegt auf dem neu geschaffenen Alltag der Abenteuer auf Fahrt?

Was ist so besonders daran, bei jedem Wetter eine Kohte aufzubauen, über dem offenen Feuer zu kochen oder durch den Regen zu marschieren? Die Lagerfeuerromantik spielt verdientermaßen eine starke Rolle. Aber wenn man müde, klatschnass und durchgefroren versucht einen Hering im Schlamm zu versenken, vergeht einem in diesem Moment jeder Sinn für Romantik. Und dennoch...

Pfadfindern war und ist es ein besonderes Anliegen, Kinder und Jugendliche zu selbständig denkenden Menschen anzuleiten, welche für ihre Überzeugung einstehen und dabei auf Ihre Umwelt – ob einzelne Menschen, Natur oder

Gesellschaft – achten. Im Mittelpunkt der Pfadfinder-
pädagogik steht dabei das Gruppenleben. Jeder ist darauf
angewiesen, sich zu integrieren; eine Fertigkeit, die er später
mehr als genug benötigen wird, ob im Privatleben oder im
Beruf. Ohne Teamfähigkeit kommt man in der modernen
Gesellschaft kaum voran.

Jede Handlung, jede Tätigkeit in einer Pfadfindergruppe –
besonders auf Fahrt - erfordert Teamwork. Vieles – z. B.
Kohte aufbauen, einen Lagerplatz suchen etc. pp. - ist zu
komplex, als das man es im Alleingang bewältigen könnte.
Die Fahrtenphilosophie fördert von Anfang an die
Entwicklung eines Gruppengeistes.

Das sind zwar sehr lobenswerte Ziele, die wir erreichen.
Aber was macht uns gegenüber den Jugendlichen und
Kindern aus? Hast Du schon einmal einen 11-jährigen erlebt,
der auf die Frage „Warum bist Du Pfadfinder geworden?"
mit „Ich werde hier zu einem eigenständigen Menschen
erzogen" antwortet?

Aus meiner Distanz zu meiner eigenen Grüpplingszeit heraus
kann ich diese nicht einfache Frage doch ungefähr so
beantworten:

Einen Pfadfinder macht der viel beschriebene Gruppengeist
aus. Einen richtigen Pfadfinder erkennt man nicht nur an
seiner Kluft.

Einen richtigen Pfadfinder erkennt man an seiner Art und
seinem Verhalten. Die vielen Riten, die wir pflegen,

manifestieren eben diesen Gruppengeist. Rituale sind grundlegend für eine Gruppe. Die Morgenrunden, die Abendrunden am Lagerfeuer, ein Lied vor dem Essen zu singen, Tschaibeschwörung, um nur ein paar Schlagwörter zu nennen, die mir gerade durch den Kopf jagen, sind solche Riten. Die Kluft uniformiert uns nicht. Die Kluft zeigt nach innen und nach außen „Wir gehören zusammen". Sie ist ein Mem.

Zum Pfadfinder gehört selbstverständlich die Kluft! Aber ein Pfadfinder ist auch ohne die Kluft immer noch ein Pfadfinder. Aus meiner ganz persönlichen Sicht ist die Pfadfinderei eine Lebenseinstellung. Egal ob ich auf Fahrt bin, schlafe oder dusche: Ich bin immer ein Pfadfinder!

Wie viel einem die Pfadfinderei bedeutet, muss aber definitiv jeder selbst für sich entscheiden.

Der Zusammenhalt der Gruppe wird durch gemeinsame Erlebnisse gestärkt; deswegen ist es wichtig, an Fahrten teilzunehmen. Dies verstärkt auch die Faszination an der Gemeinschaft, die seit der Entstehung ihrer Idee nicht nach sozialen Kriterien unterscheidet. Dies macht auch die Weltpfadfinderbewegung aus.

⟩⟨ Deutsche Pfadfindergeschichte

Über dieses Thema will ich Dir, meinem Leser, einen Überblick vermitteln. Ich finde es erschreckend, wie wenig von der Geschichte der Pfadfinderei den meisten Leitern, welche ich vor allem in meinem eigenen Verband kennen gelernt habe, bekannt ist. Wer die deutsche Pfadfindergeschichte in ihrer Einzigartigkeit auf der Welt begreifen möchte, der muss ganze 11 Jahre vor der Gründung der Weltpfadfinderbewegung (World Scout Movement) durch Baden Powell im Jahr 1907 anfangen, nämlich im Jahr 1896. Zu dieser Zeit herrschte gerade auch in Deutschland die Meinung, der Jugend (also den Jungen) müsse man jeden einzelnen Handgriff vorschreiben. Was ihnen zu gefallen und zu missfallen hätte, wofür sie sich zu interessieren hätten und wofür nicht. Welche Kleidung sie wann wie zu tragen hätten und womit sie spielen sollten.

Um die Jahrhundertwende

Im Jahr 1896 bot Hermann Hoffmann ehrenamtlich einen Stenographiekurs für Schüler an. Aus dieser Stenogruppe heraus kamen dann Wanderfahrten hervor. Die Begeisterung des schlichten Lebens erfasste die Jungen. Dies kann als Anfang der deutschen Jugendbewegung gesehen werden. Unter Hermann Hoffmanns Nachfolger Karl Fischer wurde

1901 der „Ausschuss für Schülerfahrten" gegründet und schließlich aufgrund eines Vorschlags von Wolf Meyen der Name „Wandervogel" für die Gruppierung gewählt.

Der „Ausschuss für Schülerfahrten" war als ein von Erwachsenen geführter Verein notwendig, da man sonst mit einem Verbot der Vereinigung rechnen musste. Schüler-vereinigungen wurden sehr schnell verboten, es war eben eine andere Zeit.

Wie es eben so im Laufe der Zeit in Vereinen passiert, waren Streiterein abzusehen. In den nächsten Jahren folgten Spaltungen und Neugründungen. Die Ursache darin findet sich in verschiedenen Ideologien, Zielen und Vorstellungen der Mitglieder. Bald trat auch die Frage des „Alkohol ja oder nein" und „Mädchen in den Gruppen ja oder nein" auf. Zwei bis heute erhalten gebliebene Streitthemen der Szene. Aufgrund der vielen Spaltungen auch der bekannte, bündische Witz: *„Wie geht es mit Eurer Wandervogelgruppe?"* *„Och, wir haben uns gespalten, die einen Wandern..."*

Es entwickelte sich ein breites Spektrum an jugendbewegten Gruppen.

Diese Jugendbewegung war aber nach wie vor eine Angelegenheit für Oberschüler. Entsprechende Literatur und Kultur wurde gepflegt. Humanistische Bildung stand hoch im Kurs und tut es heute noch, auch wenn damals schon die Einflüsse aus dem Handwerk zu spüren waren. Die

Uneinigkeit über etliche Themen wurde im Laufe der Zeit auch nicht geringer. Auf jeden Fall war sie der Anlass für Spaltungen und ebenfalls für die Gründung von Mädchenwandervogelgruppen.

1912 fingen bereits vereinzelte Pfadfindergruppen an, in Deutschland tätig zu werden. Zu dieser Zeit hatten sie aber recht wenig mit den Wandervögeln am Hut und stellten eher eine Art Wehrsporttruppe dar, gegründet von Dr. Alexander Lion, Maximilian Gustav Stephan Bayer und Carl Freiherr von Seckendorff.

Dr. Alexander Lion hatte das Buch Baden Powells „Scouting for Boys" ins Deutsche übersetzt und damit den Grundstein für die Pfadfinderei im deutschsprachigen Raum gelegt, welche im Gegensatz zur Jugendbewegung ein ganz konkretes „pädagogisches" Konzept sowie Ziel hatte. Damit ist er der bekannteste Gründervater der deutschen Pfadfinder. Diese scoutistischen Pfadfinder waren dem Staat deutlich lieber als die Wandervögel. Schließlich war es das erklärte Ziel der damaligen Pfadfinder „Die Jungen zu guten Staatsbürgern zu erziehen." Entsprechend vorsichtig hat man sich gegenseitig beschnuppert. Man darf auch nicht vergessen, dass die Pfadfinder auch damals schon Kindern aller Gesellschaftsschichten offen standen, während die Wandervögel, wie erwähnt, in erster Linie Oberschüler aus besseren Familien zur Zielgruppe hatten.

Im Jahr 1913 fand das bis heute legendär gebliebene Treffen auf dem Hohen Meißner unweit Göttingens statt. Zum Hintergrund: Prinzipiell und in unserer heutigen Sprache gesagt war es so, dass es nun zig verschiedene Gruppierungen der Jugendbewegung gab. Alle wussten, irgendwie gehört man doch zusammen, aber dennoch „wurschtelt" jeder vor sich hin, kocht sein eigenes Süppchen und hat einen eigenen Stil entwickelt. Dieses Treffen hatte zum Ziel, die Gemeinsamkeit zu formulieren, was nach langen Gesprächen, um nicht zu sagen emotionalen, knallharten Verhandlungen, auf der Wanderung von der Burg Hanstein zum Hohen Meißner gelang. Vierzehn Jugendverbände nahmen an diesem ersten Meißnertreffen teil.

Die Meißnerformel lautet:

> **Die Freideutsche Jugend will aus eigener Bestimmung, vor eigener Verantwortung, mit innerer Wahrhaftigkeit ihr Leben gestalten. Für diese innere Freiheit tritt sie unter allen Umständen geschlossen ein.** Die gemeinsamen Veranstaltungen der Freideutschen Jugend sind alkohol- und nikotinfrei.

Und dann ging auch schon der erste Weltkrieg los. Die meisten – ob die Mitglieder der noch sehr jungen deutschen Pfadfinder oder die Wandervögel – gingen freudig in den Krieg. Aus aus heutiger Sicht falsch verstandenem Patriotismus sahen es die jungen Männer als Pflicht und Ehre an „fürs Vaterland" zu kämpfen. Welch böses Erwachen sie alle erwartete.

Während der Weimarer Republik

Nach dem ersten Weltkrieg war es so, wie es nach einem Krieg nun mal ist: Erst mal die Scherben zusammenkehren. Aber die Jugendbewegung lebte wieder auf!

Dieser Zeitraum, zwischen dem ersten Weltkrieg und dem Beginn des dritten Reichs und damit der Verbotszeit, ist die historische „Bündische Epoche".

Die Ideen der autonomen Wandervogelgruppen hatten sich mit den Pfadfindern gepaart. Eine unheimliche Vielzahl an Bünden entstand! Und das in jeder Hinsicht und Einstellung. Von völkisch-national bis kommunistisch, von Freikörperkultur bis streng konservativ. Und alle hatten sie eines gemeinsam: Sie waren auf Fahrt!

1929 kam eine neue Form des Bündischen hinzu: Die Jungenschaften. Die wohl bekannteste Jungenschaft ist die von tusk (Eberhard Köbel) gegründete dj1.11 (Deutsche Jungenschaft vom 1.11. 1929. Im übrigen ist es seit jeher Tradition gewesen, dass sich Jungenschaften mit Kleinbuchstaben abgekürzt haben, und Pfadfinder mit Großbuchstaben. Für mich bleibt es also immer „DPSG" und nicht „dpsg").

Tusk hat sehr viele heute noch aktuelle Aspekte geprägt. So verdanken wir ihm die Kohte sowie die Jungenschaftsjacke. Seine bis heute legendär gebliebene Lapplandfahrt ist nach wie vor Inspirationsquelle für viele Bündische.

Jugend in der Verbotszeit

Wie immer gibt es die, die mit „Hurra" und „Juchhe" in das neue System gehen (In diesem Fall in die Hitlerjugend übertreten.) und es gibt die, die davon nicht einfach nur wenig begeistert sind, sondern dies auch bekämpfen. Bis zum Ende des zweiten Weltkrieges gab es Gruppen im Hintergrund, die teils einfach nur heimlich weiter Gruppenstunden abhielten und auf Fahrt gingen, teils auch gegen das Regime aufbegehrten. Gruppen wie die „Weiße Rose" oder die Edelweißpiraten haben ihre Wurzeln in der bündischen Jugend, den Pfadfindern und den

Jungenschaften. Ich möchte die Zeit von 1933 bis 1945 in drei Hauptbereiche aufteilen, die HJ, den passiven Widerstand und den aktiven Widerstand.

Die Hitlerjugend

Die Hitlerjugend (HJ) war die effektivste Jugendorganisation der bisherigen Geschichte. Dies sagt nichts über ihre moralische Einstellung aus, aber effektiv waren sie. Man muss hier die einzelnen Aspekte durchaus beachten. Das Prinzip „Zuckerbrot und Peitsche" trifft es wohl am besten. Was sie besonders hervorhob, war die Tatsache, dass sie eine Staatsjugend wurde. Kindern und Jugendlichen wusste die HJ aber auch durchaus etwas zu bieten. Die meisten Kinder kannten bis dahin keinen „Urlaub" oder Freizeiten, gerade nicht die Kinder vom Lande. Auf einmal konnten die Kinder dann mehrere Wochen lang ins Lager oder auf Fahrt gehen. Auch die Rituale – welche übrigens eine heute viel zu sehr verkannte Wirkung auf Menschen haben - der HJ strahlten eine gewisse Magie aus: die Fahnenzüge, die Fackelnächte, die zeremoniellen Feiern. Die „Ehre Dienst zu tun" stand hoch im Kurs. Die Jungen kamen begeistert aus dem Sommerlager zurück. Es wurde ja wirklich spannend Krieg gespielt. Gruppe gegen Gruppe, Nachbardorf gegen Nachbardorf, mit Handgranaten aus Holz etc. Aber gerade auch den Mädchen bot die Staatsjugend, also der BDM, einiges. Das wichtigste war wohl, dass die Mädchen „wichtig wurden". Sie haben aktiv mitgewirkt am Staatsgeschehen, sie waren ein produktiver Teil des Staates, nicht nur passive „Frauen der Männer".

Anfangs war die Mitgliedschaft noch freiwillig. Jedoch wurde sehr schnell ein Erlass herausgegeben, der besagte, nur Mitglieder der HJ dürften eine Lehrstelle erhalten. Auch zum Abitur wurde nur zugelassen, wer in der HJ war.

Sehr schnell wurden die konkurrierenden Jugendgruppen verboten oder auch verfolgt. Die noch halblegalen konfessionellen Jugendgruppen durften sich nur noch auf kirchliche Arbeit beschränken, und es war auch verboten in einheitlicher Kleidung und mit Fahnen aufzutreten. Oft genug wurden ihre Mitglieder von Hitlerjungen verprügelt. Eine Doppelmitgliedschaft in einem katholischen Verband und in der HJ wurde verboten, so entzog man diesen Jugendlichen die Möglichkeit eine Ausbildung anzufangen. Kinder von Beamten durften ebenfalls nicht Mitglied in katholischen Bünden werden. Auch Lehrer wurden angehalten, nur noch für die HJ zu werben, Werbeplakate der HJ in den Klassenzimmern aufzuhängen und deutlich sichtbare Listen in den Klassenzimmer zu anzubringen, welche Kinder in der HJ/BDM waren und welche nicht. Dieses Mittel der Bloßstellung war nicht das einzige. Überfälle der HJ auf fremde Jugendheime folgten und auch etliche Beschlagnahmungen fanden statt („Laßt uns die Fahne, die Fahrt und das Scheid und den abgebrochenen

Speer" heißt es hierzu auch in einem Lied der verbotenen bündischen Jugend).

Lehrer waren seitens des Regimes allgemein nicht besonders beliebt. Das Regime hatte für Intellekt nicht viel übrig. Das erkennt man unter anderem an dem Programm der HJ: 2/3 Sport, 1/3 ideologische Erziehung.

Die Methoden und Tricks der bündischen Jugend, der Jungenschaften, Pfadfinder, Wandervögel etc. wurden übernommen. Fahrten und Lager, zeremonielle Aufnahmefeiern, Heimabende etc. fanden dann auch in der HJ statt. Das Prinzip „Jugend muss von Jugend geführt werden" wurde zwar in Worten übernommen, quasi als Slogan, jedoch inhaltlich komplett umgedreht. Im Bündischen bedeutete dies, das sich eine Gruppe aufgrund von Sympathie zusammenfindet und ihren Führer selbst bestimmt. In der HJ wurde eine Gruppe wild zusammengewürfelt und ihnen wurde ein Führer vorgesetzt, der dann Systemautorität hatte. Nach der Auflösung vieler Bünde wie z. B. des Großdeutschen Bundes, wurden viele erfahrene Jugendführer in die HJ „gespült". Diese hatten das Know-How, wie man Gruppen führt und eine Jugendorganisation erfolgreich aufbaut.

Die HJ war aber auch ein Karrieresprungbrett. HJ-Führer wurden zu Adjutanten der Kreis- und Gauleiter berufen, die besten unter ihnen wurden direkt in die SS übernommen etc.

Die Jugenddienstpflicht stellte die Spitze der Einbeziehung der HJ in das Staatsgeschehen dar – wenn auch nur als ausführendes, nicht als entscheidendes Organ.

Der passive Widerstand

Der passive sowie der aktive Widerstand sind nicht ganz trennscharf zu sehen. Die Übergänge sind fließend. Aus meiner Sicht kann allerdings als passiver Widerstand das Fortführen der eigenen Stile gesehen werden, als auch das Lesen und interne Verbreiten verbotener Literatur.

Viele der damaligen Jugendbünde - gerade aus der bündischen Jugend - sind zwar freudig in die HJ übergetreten, andere aber ganz und gar nicht. Die Oelbs haben sich z. B. entschieden, pro forma den Nerother aufzulösen, um ein Blutvergießen zu vermeiden, da ihnen klar war, dass viele ihrer Mitglieder aktiven Widerstand leisten würden, welcher in der Anfangsphase des dritten Reichs nichts gebracht hätte, außer ein blutiges Niederschlagen der Nerother. Statt dessen gingen die Nerother in die HJ über und versuchten besonders im Jungvolk ihre eigenen Lebensstile weiterzuführen, was teilweise auch gelang, wenn auch nicht in dem erwünschten Umfang.

Die recht bald verbotene bündische Jugend traf sich zum beträchtlichen Teil weiterhin heimlich und veranstalteten auch Fahrten. Leichter hatte es da die kirchliche Jugend die zumindest halblegal weiter existieren konnte. Trotz Verbot gingen auch sie weiterhin auf Fahrt, wenn sie sich auch ständig mit der Staatsgewalt und HJ konfrontiert sahen.

Bis in die späten 30er Jahre brachten die kirchlichen Gruppen auch eigene Zeitschriften heraus. Diese waren zwar zumeist unpolitisch und, wenn politisch, so sehr vorsichtig formuliert, und auch nicht immer gegen den Staat gerichtet.

Selbst viele völkische Gruppen gingen nicht zur HJ über. Hier war weniger eine ungleiche Ideologie ausschlaggebend, als vielmehr die Forderung dieser Gruppen nach Autonomie.

Die kirchliche Jugend als auch die bündische Jugend trafen sogar auf Fahrten recht häufig aufeinander, was durchaus das Ausmaß der Anzahl dieser Gruppen aufzeigt.

Ein wichtiger Faktor war das Liedergut der damaligen Zeit. Viele Anti-NS Lieder sind in dieser Zeit entstanden. Hierzu kann ich das Buch (mit CD) „Gegen den Strom" sehr empfehlen, welches sich mit dieser Thematik auseinandersetzt.

Gerade die katholische Jugend war der HJ ein großer Dorn im Auge. Diese hatte Mitte der 30er Jahre einen enormen Zulauf erhalten. Teils sogar aus der HJ, aber viele aus den aufgelösten Bünden stammende Jungendliche fanden hier eine neue Heimat.

Das Leben der eigenen Kultur, Selbstbestimmung und der Aufbau einer eigenen Meinung waren hier zentral.

Hans Scholl war im Übrigen in dieser Zeit sehr zwiespältig zu betrachten. Einerseits war er ein fanatischer Verfechter des Systems und hatte sogar Jugendliche verprügelt, welche zur katholischen Jugend gehört hatten. Andererseits lebte er im Stil der dj1.11 in seinem entsprechend funktionierenden HJ-Stamm und unternahm sogar illegale Fahrten im bündischen Stil. Damals hatte er also noch keine ideologischen Probleme mit dem System, ganz im Gegenteil. Aber auch er hatte den Wunsch nach Selbstbestimmung und wurde sogar wegen bündischer Umtriebe verurteilt, wenn auch nach dem Urteil amnestiert. Das Schicksaal seines im Jugend-KZ inhaftierten Freundes hat ihn aber deutlich zum NS-Gegner gemacht.

Einige Bündische hatten sogar Kontakte zu im Exil Lebenden aufgebaut, wie z.B. zu tusk, schmuggelten illegale, teilweise sogar kommunistische, Schriften nach Deutschland und verbreiteten sie unter ihresgleichen. Die in den späten 30ern aufkommende Swingjugend sowie die Edelweißpiraten waren den Altbündischen sehr ähnlich, entstammten aber nicht diesen direkt. Ihr innerster Wunsch war der nach einer eigenen Jugendkultur.

Anfang der 40er Jahre hatte bereits die HJ erhebliche interne Probleme. Einerseits, da die meisten erfahrenen Führer im Krieg waren. Andererseits aber auch, weil nur noch die Hälfte der Mitglieder zu Appellen antraten. Die meisten blieben zu Hause oder schlossen sich anderen Gruppen an.

Der aktive Widerstand

Unter all diesen Gruppen und durch diese inspiriert gab es aber auch aktive Widerständler. Besonders die Edelweißpiraten waren bekannt dafür, fast schon „jugendterroristische" Taten zu vollbringen. Sie kleideten sich nicht nur einheitlich, sondern verübten gezielten Vandalismus an Gestapo- und Polizeibesitz. Einige haben sogar Staatslager geplündert (Werkzeug, Essensvorräte etc.) und ihre Beute umverteilt. Man muss mit den Edelweißpiraten aber vorsichtig sein, denn viele „normale" Jugendkriminelle wurden von Seiten des Staates als Edelweißpiraten dargestellt und verurteilt.

Andere Gruppen aus der bündischen Szene verteilten verbotene Schriften nicht nur unter sich, sondern gaben sie auch nach außen weiter, teilweise auch in Form von Flugblättern.

Vom Ausland aus wurde aktiv die bündische Jugend unterstützt, indem illegale Schriften eingeschmuggelt wurden. Es gab also durchaus eine Art funktionierendes Netzwerk zur Zersetzung des Regimes in Form von „Aufklärungsarbeit".

Gleich zu Beginn des dritten Reichs waren es die deutsche Arbeiterjugend, Gewerkschaftsjugend und die jungen Kommunisten, welche Protest und Widerstand zeigten. Sie wurden mit aller Härte niedergeschlagen.

Die etlichen Verurteilungen Jugendlicher wegen Hochverrats und die Härte und Intensität ihrer Verfolgung seitens der Staatsorgane zeigen deutlich, dass es sich hier nicht um Einzelfälle gehandelt haben kann. Sogar eine eigene Dienststelle zur Bekämpfung der bündischen Jugend wurde 1936 im Reichssicherheitshauptamt gegründet. Selbst Jugend-KZs (Litzmannstadt, Moringen, Uckermark) wurden eingerichtet. Die bekannteste Widerstandsgruppe war der Kreis um Hans und Sophie Scholl, die Weiße Rose. Die meisten Mitglieder dieser Gruppe entstammten der bündischen oder kirchlichen Jugend.

Im Nachkriegsdeutschland

Und nach dem zweiten Weltkrieg, tja... nun gab es ein paar Scherben mehr zusammenzukehren. Aber die Bünde und Verbände formten sich neu.

Viele speziell für Deutschland typischen Elemente der Pfadfinderei verdanken wir der bündischen Epoche. Kohten und Jurten gäbe es nicht ohne die dj1.11 – Die Deutsche Jungenschaft vom 1.11.1929 unter tusk, um nochmal das bekannteste Beispiel zu nennen.

Und neben den Pfadfinderverbänden, gibt es sehr viele andere Bünde, auch bündische Pfadfinderbünde und Verbände, aber auch noch Jungenschaften, Wandervögel,

Mädelschaften, Fahrtengruppen etc. etc. In Deutschland haben wir aufgrund unserer Bündevielfalt eine – ich möchte es so nennen – Evolution, die absolut einmalig ist.

Um kurz den aus meiner Sicht deutlichsten Unterschied zwischen der scoutistischen (streng nach dem englischen Vorbild Baden Powells) und der bündisch-jugendbewegten Art zu verdeutlichen (dies wird im Kapitel Bündisch noch näher erörtert, aber man muss es sich einfach verdeutlichen um es zu verstehen): Das Scoutistische ist streng hierarchisch gegliedert. Es gibt eine Bundesleitung, dieser untergeordnet sind die Regionen, dann die Stämmen und diesen schließlich Gruppen. Das Merkmal des Scoutismus ist das zentralisierte Standlager. Es gibt Schlafzelte, ein Gemeinschaftszelt, ein Küchenzelt etc.

Die Bündisch-Jugendbewegten sind zu hundert Prozent dezentral. Die Gruppe steht im Mittelpunkt. Die Gruppe ist auch absolut autonom. Sie hat ihre Kohte, in der sie nicht nur schlafen, sondern auch kochen und am Feuer sitzen können. Die bündische Gruppe braucht nur sich selbst, umso schöner aber, wenn diese autonomen Gruppen dann auch zusammen kommen.

Diese beiden Aspekte haben sich gegenseitig sehr stark beeinflusst.

Eine Zeittafel darf natürlich nicht fehlen:

1896 Entstehung der dt. Jugendbewegung

1907 Erstes Pfadfinderlager auf Brownsea Island

1913 Die Meißnerformel wird entwickelt

1911 erste Pfadfindergruppe in Deutschland entsteht

1929 am 1.11. wird die dj1.11 von tusk (Eberhard Köbel) gegründet

1918 – 1933

Die bündische Epoche

1929 Mehrere Stämme schließen sich mit 800 Mitgliedern zur DPSG zusammen

1933 – 1945 Zwischen Verbot und Staatsjugend, von völliger Anpassung bis zum aktiven Widerstand, war die Jugend der NS-Zeit geprägt

Nach 1945 Bünde und Verbände - Pfadfinder, Wandervogel, Jungenschaften etc. – gründen sich in Deutschland neu

1971 Auch Mädchen können nun Mitglieder der DPSG werden

Die Geschichte der DPSG

Die DPSG ist der (quantitativ) größte Pfadfinderverband Deutschlands. Dieses Buch ist nicht nur für Leiter in der DPSG geschrieben. Aber selbst wenn Du nicht DPSGler bist, ist Dir dieser Verband ein Begriff. Jeder Pfadfinder in Deutschland erkennt uns „Schorschies" schon allein an der eigenen Lilie – in der Szene gerne auch als Brathähnchen bezeichnet. Daher, sowie auf die Bitten einiger Leser, schrieb ich dieses Kapitel. Die Grundlage dieses Kapitels stellen neben der Ordnung und Geschichte der DPSG die Schriften von Georg Flaig, dem ich sehr für sein Einverständnis danke, seine Manuskripte verwenden zu dürfen. Ich halte mich sehr nah an seinen Schriften in diesem Kapitel. Aber ich beziehe mich ebenso auf persönliche Gespräche, u.a. mit Manfred Rehnen, Stammesvorstand in den 80er Jahren des damaligen DPSG-Stammes in Kempen am Niederrhein und Pfadfinder seit dem Ende der 1960er Jahre, und natürlich auf das, was ich von alten Ehemaligen so zu hören bekam.

Gehen wir an den Anfang und damit ans Ende der 1920er Jahre. Der katholische Jungmännerverband nahm die Deutsche Pfadfinderschaft Sankt Georg mit damals 800 Mitgliedern am 7. Oktober 1929 auf Probe auf. Dieses Datum gilt heute als Gründungsdatum der DPSG. (Man kann es ja auf den Shirts „DPSG since 1929" deutliche lesen.) Die (damals noch vorläufige) Bundesordnung, die Formulierung der Pfadfindergesetze, sowie die Gestaltung von Banner und Tracht wurden auf dem Bundesthing im Februar 1930 beschlossen. Ein Jahr später nahm der Jungmännerverband die DPSG mit nun rund 2000 Mitgliedern einstimmig endgültig auf. Das bekannte Zitat "Wir sind treu, oder wir sind nicht!" stammt vom ersten Bundesfeldmeister Willi Werner und findet seinen Ursprung auf dieser historischen Aufnahmefeier. Auf dem 3. Bundesthing in Altenberg 1933 legte man den Grundstein für die Richtung der „Georgsritterschaft" (heute Rover und Leiter) sowie dem Prüfungswesen, aber auch der Wölflingsarbeit. Nicht zuletzt verdankte die DPSG diesem Thing ihr enormes Wachstum. Dieses konnten auch die immer mächtiger werdenden Nazis samt Teilverboten und Gestapoeinsätzen nicht verhindern. Zum Zeitpunkt der Machtergreifung durch das NS-Regime zählte die DPSG bereits über 13000 Mitglieder in 459 Stämmen. Im September 1934 ging ein Rundbrief mit folgendem Inhalt an alle Georgspfadfinder: *"Jeden Monat zu einer bestimmten Stunde eines bestimmten Tages wird die Stunde des Bundes alle Sippen und Stämme, damit alle Georgspfadfinder, geistig vereinen. Die Stunde des Bundes soll beweisen, daß sich alle Georgspfadfinder als bewußte und lebendige Glieder wissen und bekennen. Sie soll ein Zeichen der wachen und starken Stämme sein, die sich durch nichts beirren lassen und selbstsicher und zielklar weiterarbeiten. Im heutigen Kampf fühlen wir uns eng zusammengeschmiedet. Dessen Ausdruck ist die Stunde des Bundes, in der alle Pfadfinder im ganzen Reich zur gleichen Stunde ein Gleiches tun. Wir glauben an die Kraft im Bunde."* Ich finde, dieses Zitat zeigt sehr deutlich den pfadfinderischen Geist der DPSG in der damaligen Zeit. Bereits 16000 Mitglieder in 467 Stämme waren im April 1935 zu verzeichnen. Aus politisch taktischen Gründen benannte sich die DPSG 1937 in "Gemeinschaft Sankt Georg (GSG)" um. Trotz des entgültigen Verbots hielten die DPSG-Gruppen Verbindungen zueinander aufrecht und es wurden Versprechen im Geheimen abgelegt sowie Rundbriefe verteilt. Auch Mitglieder der DPSG (bzw. GSG) deportierten die Nazis wegen "Weiterführung einer verbotenen Organisation" ins KZ.

Das 6. Bundesthing war das erste nach dem Krieg und fand im Juli 1946 statt. Hans Fischer wurde nun Bundesfeldmeister. 1947 gründet sich der Bund Deutscher Katholischer Jugend (BDKJ) mir der GSG als Gründungsmitglied. Das neue Bundesamt der (noch) GSG wurde in Krefeld eingerichtet. Am Nachkriegsjamboree 1947 nahmen Georgspfadfinder als Mitglieder des französischen Kontingents teil. Dies ist gleichzeitig der Auftakt zur Brüderschaft der SdF (Scouts de France) mit der DPSG. Ab 1948 nannte sich die GSG wieder DPSG. Ab Januar 1949 erschienen monatlich eigene DPSG-Zeitschriften, für die Pfadfinder „Die große Fahrt" und der „Georgspfadfinder" als Führungsrundbrief. Im selben Jahr erfolgte die Herausgabe des Handbuches „Der Georgspfadfinder". Die neuntausend Exemplare waren bald vergriffen. Gestaltet wurde dieses Buch von Willi Werner, der Ritterrunde Augsburg und dem Bundesfeldmeister Hans Fischer. In diesem Buch sind die

Grundelemente der Pfadfinderei der DPSG festgelegt worden. Diese lauten „Das Pfadfindergesetz, das Pfadfinderversprechen, der Pfadfinderwahlspruch, das System der kleinen Sippen, das System der Stufungen und Prüfungen sowie das einfache und natürliche Leben." Die DPSG zählte inzwischen 20500 Mitglieder. Im selben Jahr gründete sich der RDP (Ring Deutscher Pfadfinderbünde) mit der DPSG als Mitglied. Ein Jahr später nahm die BSIC (Boy Scouts International Conference) den RDP auf, welcher damit nun auch Mitglied im Weltverband war. In diesem Jahr zählte die DPSG 26000 Mitglieder. Ein Beitragssystem wurde eingeführt. 1951 nahmen Georgspfadfinder zum ersten mal unter eigenem Kontingent an einem World-Jamboree teil, dem bekannten Jamboree in Bad Ischl. 1954 zog das Bundesamt der DPSG in das Jugendhaus Düsseldorf um.

Die DPSG erwarb das Gelände ihres heutigen Bundeszentrums in Westernohe. Das soziale Hilfswerk „Dienst durch die Tat" wurde gegründet, für welches die Georgsritter monatlich einen Stundenlohn spendeten. 1956 begann der Bau eines Erholungsheimes für behinderte Kinder und Jugendliche in Westernohe. 1957 wurde schließlich die grüne Kluft und die dunkle Kordhose durch das khakifarbene Hemd, ein stahlgraues Halstuch sowie eine kurze Hose aus Zeltstoff mit Kniestrümpfen im Sommer bzw. eine rauchgraue Trenkerhose aus Kord im Winter per Beschluss des Bundesthings ersetzt.

1961 ruft die DPSG „Flinke Hände, flinke Füße" zum Ausbau des Sozialwerkes der Georgsritterschaft in Westernohe ins Leben.

1964 war das Jahr der beginnenden „Reformzeit". Die neue Bundeslilie (ja, genau, das heutige Brathähnchen) wurde als „zeitgemäßer" eingeführt und die Kluft hatte ab sofort nur noch eine Brusttasche. Ebenso wurde die Taschenklappe abgeschafft.

Auch der Pfadfinderhut fand mehr oder minder sein Ende in der DPSG. In dieser Reformzeit wurde aus dem Pfadfinderbund DPSG der Pfadfinderverband DPSG, Führer nannte man nun Leiter, der Bundesthing war nun eine Bundesversammlung, der Gau wurde zum Bezirk, der Bundesfeldmeister war nun der Bundesvorsitzender etc. (Nein, das „Raider heißt jetzt Twix" kam erst gut 20 Jahre später.) Man wollte „raus aus dem Wald und auf die Straße". Der „moderne Pfadfinder soll nun die Politik als Betätigungsfeld für sich entdecken (auch wenn der Verband als solcher unpolitisch bleibt)".

Seit 1968 ist die Jungpfadfinderstufe eine eigenständige Stufe und nicht mehr Teil der Pfadfinderstufe. 1970 wurde der Freunde- und Fördererverein gegründet. Seit 1971 können auch Mädchen Mitglieder des Verbandes werden. 1972 wurden die Pfadfindergesetze abgeschafft und durch die vier Leitlinien ersetzt. 1976 wurde ein Konzept zur politischen Bildung (mit dem Schwerpunkt des politischen Handelns des Verbandes) beschlossen. 1977 beschloss man nach langen Diskussionen, weder auf das Weltjamboree in den Iran, noch zu den Weltjugendspielen nach Kuba zu fahren. Begründung: "Man will sich nicht an der Aufwertung von Staatssystemen beteiligen, die den Grundlinien der Lebensauffassung des Verbandes widersprechen".

Vom 26. bis 27. Juni 1982 kamen Leiter aus vier Diözesen in der Philosophischen Hochschule von Untermerzbach zusammen. Thema des Treffens war die Frage nach dem Pfadfindertum von B. P. in der DPSG. Dies geschah aus der Motivation des Unmuts vieler Stämme heraus, da der aktuelle Kurs der DPSG sich immer mehr von der traditionellen Pfadfinderei entfernte („Legt die Gitarre zur Seite, wir müssen diskutieren."), womit nicht alle glücklich waren. Die Teilnehmer am UMK (Untermerzbacher Kreis, so heißt dieses Treffen, welches heute noch jährlich stattfindet) „halten weiterhin an Gesetz, Versprechen und anderen traditionellen Grundlagen des Pfadfindertums fest". Aufgrund der internen Meinungsverschiedenheiten spaltete sich eine nicht zu vernachlässigende Zahl an Mitgliedern und Stämmen von der DPSG ab. Diese traten zumeist in andere, traditionellere Verbände und Bünde ein oder gründeten eigene Pfadfinderschaften. Die bekanntesten Abspaltungen sind der EPSG (Europäischen Pfadfinderbund Sankt Georg), BESP (Bund Europäischer St. Georgspfadfinder und –pfadfinderinnen) und die EPG (Europäischen Pfadfinderschaft Sankt Georg). Einige DPSG-Mitglieder wurden wegen „verbandsschädigendem Verhalten" aus der DPSG ausgeschlossen (u.a. Paul-Thomas Hinkel, Herausgeber der Pfadfinderzeitschrift „Scouting" und nach seinem Ausschluss Mitgründer der EPSG).

1983 änderte man wieder einmal die Kluft. Jetzt wurden die Schulterklappen (samt Leiterstreifen) abgeschafft. Ein Jahr darauf fand ein Leiterkongress mit über 4000 Teilnehmern in Westernohe statt. Themen dieses Kongresses waren „soziale, politische, religiöse und ökonomische Aspekte der Gesellschaft". Ziel war es, zur Entwicklung eines modernen Pfadfindertums beizutragen.

Im Juli 1985 tagte der Weltrat der CICS (Conference Internationale Catholique du Scoutisme) sechs Tage lang in Benediktbeuren zum Thema „Frieden durch Gerechtigkeit: Das Pfadfindertum heute".

Während des Papstbesuches von Johannes Paul II in der BRD 1986 kam es am 2. Mai zu einem Treffen mit ca. 3000 DPSGlern. Die 49. Bundesversammlung verabschiedete 1987 die neue Fassung der Ordnung des Verbandes. Dr. Laszlo Nagy, der damalige Generalsekretär der WOSM (World Organisation of the Scout Movement), war Gast dieser Versammlung. Zentraler Aspekt der neuen Ordnung war „Das Verständnis zur pfadfinderischen Erziehung sowie dem politischen Handeln in der DPSG". Der Partnerschaftsvertrag der DPSG mit den bolivianischen Pfadfindern wurde unterzeichnet.

1988 kamen 6000 Leiter zu einem Kongress nach Westernohe. Sie wollten „den Aufbruch in die Krisenorte der

Gesellschaft wagen und sich konkret einmischen, wo es nötig ist."

Vertreter der Kirche forderten energisch die Rücknahme des Buches für Rover „Mehr vom Leben". Zwar war das Buch bald offiziell ausverkauft, jedoch hörte man kurz darauf von verschiedenen Quellen, das Werk wäre von Mitgliedern der Bundesleitung des Rover-BAKs (Bundesarbeitskreis) zur Schadensbegrenzung aufgekauft worden.

Ein Jahr darauf beschäftigte sich die 51 Bundesversammlung 1989 in St. Ottilien der Diözese Augsburg mit „innerkirchlichen Entwicklungen" und brachte „ihre Besorgnis über zentralistische und restaurative Bestrebungen" zum Ausdruck. Im August 1989 (Einweihung im September 1989) zog das Bundesamt von Düsseldorf nach Neuss um. Die Kosten des Umzuges wirkten sich auf die Beiträge aus, welche zum Juli 1992 von 18,- DM auf 25 DM,- pro Halbjahr erhöht wurden. Bereits vor der offiziellen Wiedervereinigung Deutschlands am 3. Oktober 1990 begann die DPSG mit dem Aufbau von Stämmen und Vereinsorganen in der damals (noch) existenten DDR.

Auf der 52. Bundesversammlung 1990 beschloss man die Paritätspflicht der Vorsitzenden ab Bezirksebene aufwärts. 1992 führte die DPSG eine interne Umfrage zur Kluft durch. Das Ergebnis lautete: Es sollte alles so bleiben, wie es war. Dies wurde auf der 55. Bundesversammlung im Mai 1993 auch so beschlossen. Die Wiedereinführung des nie offiziell abgeschafften Pfadfinderhutes wurde jedoch trotz eindeutiger Mehrheitsmeinung in der Basis für den Pfadfinderhut (ebenfalls der Umfrage zur Kluft entnommen) mit 38 gegen 27 Stimmen abgelehnt.

Dank der im Sommer 1993 ins Leben gerufenen Aktion LuSi (Leiter- und Selbstdarstellungsinitiative) nahm die Öffentlichkeitsarbeit in der DPSG spürbar zu. Daher beschloss man, die Aktion LuSi weiterzuführen.

1994 versuchte die DPSG intensiv, 47 Rwandesen vom Partnerverband ASR (Association des Scouts du Rwanda) die Einreise in die BRD zu ermöglichen. Nach zähen Verhandlungen mit dem Außen- sowie dem Innenministerium erhielten zumindest 22 Mitglieder der Nationalleitungen der ASR und der Guides de Rwanda eine Einreisegenehmigung nach Deutschland. Die DPSG garantierte dabei die Übernahme aller Kosten (Unterkunft, Verpflegung, Taschengeld, Versicherung und dgl.) für die Dauer ihres Aufenthaltes. (Derartiges Engagement ist es im Übrigen, welches aus meiner Sicht die DPSG sehr positiv auszeichnet und wofür ich meinen Verband sehr schätze.) Die Mitglieder der beiden Verbände - insbesondere die der Nationalleitungen - gehörten aufgrund ihres Engagements für die Aussöhnung und Entwicklung partnerschaftlicher Verhältnisse zwischen den Hutu und Tutsi zu den meistgesuchten Personen der Kopfgeldjäger Rwandas. Sechs Opfer des Mordens wurden in der Leiterzeitschrift genannt, welche Mitglieder der Nationalleitung der ASR waren. 20 Pfadfinder aus Rwanda erreichen die Bundesrepublik, 18 von ihnen entschieden sich für den Verbleib in Deutschland. Die "Solidaritätsaktion Rwanda" brachte bis Ende Oktober 1996 eine Summe von 733.855,86 DM zusammen. Mit diesem Geld deckte man die Kosten für den Aufenthalt der Gäste. Zudem investierte man das Geld in die Arbeit des Verbandes vor Ort, die Flüchtlingshilfe in Rwanda, Burundi und Zaire, sowie in den Wiederaufbau der Organisationen in Rwanda.

Die „Kindermitbestimmung" kam immer mehr in den Mittelpunkt von Diskussionen und Grämien und wurde 1995 von der 57. Bundesversammlung beschlossen.

Im Pfingstlager des selben Jahres in Westernohe geschah der tragische „Tauziehunfall", bei welchem zwei Wölflinge um das Leben kamen. Die Kräfte, welche dreihundert Personen bei einem Tauziehen auf ein Seil ausüben, wurden von den Verantwortlichen nicht bedacht. Dass dieses Tauziehen jedoch ein Versuch gewesen wäre, ins Guiness-Buch der Rekorde zu kommen, ist ein Gerücht. Der Vorsitzende eines Koblenzer Stammes und der Vorsitzende des zugehörigen Bezirks wurden zu Geldstrafen sowie Bewährungsstrafen verurteilt. Sie wurden vom Gericht der Mitverantwortung der fahrlässigen Körperverletzung und zweifacher fahrlässiger Tötung für schuldig befunden.

Im Jahr 2000 fand eine bundesweite verbandinterne Umfrage zur Kluftfarbe statt: Welche Farbe soll die Kluft in Zukunft haben: khaki, grün oder rot? Hierzu gaben 30.000 DPSGler (knapp ein Drittel aller Mitglieder) ihre Stimme ab.

Annähernd 80% der Mitglieder sprachen sich für die bisherige Kluftfarbe khaki aus.

2003 fand der Leiterkongress up2date mit rund 3500 Teilnehmern im Rahmen des seit 2001 laufenden Prozesses update statt. Das auf diesem Kongress durchgeführte Trendvotum stellte die Grundlage der Neufassung der Ordnung des Verbandes auf der 68. Bundesversammlung dar. Nicht alle von der Basis geforderten Änderungen wurden von der Bundesversammlung berücksichtigt. Besonders die umstrittene Paritätspflicht auf Bezirksebene wurde trotz des eindeutigen Votums der Basis für die Abschaffung selbiger beibehalten. Jedoch wurde das Pfadfindergesetz – in einer neueren Fassung – wieder eingeführt und trat 2005 in Kraft. Im Sommer des Jahres 2005 gestaltete die DPSG zusammen mit der PSG und dem internationalen Katholischen Missionswerk missio unter dem Projektnamen »scoutmission - Glauben in der Tat« den Weltjugendtag.

Der aktuelle Trend der DPSG zielt in vielerlei Hinsicht auf die Rückkehr zu den Wurzeln der Pfadfinderei. Auch die Annäherung zu anderen Verbänden scheint deutlich besser zu laufen als noch vor einigen Jahren. Man darf gespannt sein, wie sich die DPSG in den nächsten Jahren und Jahrzehnten entwickelt.

Die Geschichte der deutschen Pfadfinderei sowie der deutschen Jugendbewegung sind eng miteinander verwoben. Man kann sich ein Leben lang mit der Erforschung dieses Gebietes befassen. Auch wenn dies ein sehr interessantes und weitreichendes Thema ist, so denke ich, einen hinreichenden Grobeindruck gegeben zu haben. Wer etwas tiefer in diese Materie einsteigen möchte, dem kann ich folgende Bücher wärmstens empfehlen. Gerade das erste ist wirklich sehr gut geschrieben, herrlich illustriert und ein Muss für jeden, der sich für diese Materie interessiert.

„Jugendbewegung für Anfänger"

von „Florian Malzacher" und „Matthias Daenchel"

ISBN: 3-88258-131-X

erschienen im Verlag der Jugendbewegung

„Jugend im dritten Reich" von „Prof. Dr. Arno Klönne"

ISBN: 3-89438-261-9 erschienen im PapyRossa Verlag

„Der Weite Weg" von „Lothar Fröher"

ISBN: 3-88258-082-8

erschienen im Verlag der Jugendbewegung

〉〉〈 Bündisch

Was zum Geier bedeutet eigentlich „Bündisch"? Diese Frage ist genauso schwer oder einfach zu beantworten wie einem Außenstehenden zu erklären, was denn nun Pfadfinder eigentlich sind. Selbst für einen nicht bündischen Leiter und Pfadfinder halte ich es für wichtig, zumindest ansatzweise zu verstehen, was Bündische sind. Ich könnte hier jetzt seitenweise referieren; das halte ich aber nicht für sinnvoll, hierzu gibt es auch sehr gute Literatur, deswegen in aller Kürze.

Zum Einen muss man sicherlich unter Bündisch die geschichtliche Epoche sehen (siehe auch Kapitel Pfadfindergeschichte). Darauf beruht Bündisch tatsächlich auch.

Heute versteht man unter Bündisch auch eine gewisse Stilrichtung.

Äußere Merkmale des Bündischen

Jede Subkultur – die das Bündische ja innerhalb der Sparte Pfadfinder und Jugendbewegung darstellt – hat natürlich ihre, nach außen sichtbare, Erkennungszeichen. Bündische schlafen zumeist in Kohten, tragen Lederhosen oder Zimmermannshosen. Viele haben auch ein Barett statt der pfadfinderischen Zitronenpresse (also dem Pfadfinderhut). Was ein ewiges Thema sein wird, ist die Diskussion Affe versus Wanderrucksack. Ein Affe ist ein Felltornister, wie er vor dem 2. Weltkrieg von den Soldaten verwendet wurde. Viele Bündische verwenden lieber den Affen (Er ist auch einfach stilecht!). Ich selbst bevorzuge meinen guten, alten Wanderrucksack. Im Gesamten wird in dieser Szene sehr auf den Stil geachtet. Also Kohte statt Igluzelt (Von mir gerne auch liebevoll Wiesenakne genannt.), Fell statt Isomatte, Juja statt Goretex-Jacke, etc.

Die Fahrt

Bündische machen wenige bis gar keine Lager! Der kleinste gemeinsame Nenner der Bündischen ist die Fahrt! Unterwegs sein. Das Programm der Fahrt ergibt sich aus der Fahrt selbst. Siehe hierzu auch das Kapitel „Fahrtenplanung".

Innere Einstellung

Das, was einen Bündischen eigentlich ausmacht, ist die innere Einstellung. In einer Kohte zu schlafen und sich eine Zimmermannshose anzuziehen reichen nicht aus, um als bündisch zu gelten. In einer bündischen Gruppe ist die Gruppe das wichtigste Element der Gemeinschaft. Die

Gruppe steht über dem Stamm. Die Gruppen bilden einen Stamm, nicht der Stamm hat mehrere Gruppen. Freundschaft ist ein zentraler Punkt. Die Philosophie des Bündischen kommt sehr gut in den Fahrtenliedern heraus. Singen und das bündische Liedgut sind überhaupt etwas ganz Besonderes. So etwas muss man einfach miterleben, wenn im Kreis der Freunde zur Klampfe gemeinsam am prassenden Feuer, Bündisches gesungen wird. Siehe hierzu auch das Kapitel „Singt Freunde". Die Einflüsse aus dem Handwerk (Nicht nur die Zimmermannshose, aber diese rührt auch daher.) wie das Unterwegs sein (die Walz der Handwerker) und das „Zünftige" üben in der Mischung mit der humanistischen Bildung, welche aus dem Wandervogel der deutschen Jugendbewegung herrührt (Kunst, Kultur, Literatur, womit man sich in diesen Kreisen beschäftigt), einen ganz besonderen Reiz aus.

Hierzu auch ein Zitat aus BLs Kurztraktat zum Thema Bündisch (BL ist ein guter Freund von mir aus dem DPB – Deutschen Pfadfinder Bund) :

„Manche der Bünde, die nach dem Untergang des „1000jährigen Reichs" neu- oder wiedergegründet wurden, hatten das Glück Bundesführer zu haben, die die „bündische Phase" noch selbst erlebt hatten. Wenn wir uns dagegen moderne „Jugendbewegung" wie z. B. die 68er oder Hipp-Hopp anschauen, müssen wir allerdings gestehen, dass wir „die Massen" nicht mehr ansprechen...

Das ist zwar schade, heißt aber nicht, dass sich die klassische Jugendbewegung - zumal in der Form bündischer Jugend - überlebt hätte!

Ich denke eine „kritische Grundspannung" gegenüber unserer modernen Konsumgesellschaft mit ihren schnell wechselnden Moden (Auch und vor allem bei Werten!) ist heute nötiger denn je! Die Fahrtenbünde mit ihrer an Primärerfahrungen reichen Erlebnispädagogik und ihrem Normenkodex (Pfadfindergesetz, Meißnerformel, Gruppennormen, Kameradschaft...) sind dafür eine ausgezeichnete Schule.

Nichtsdestotrotz wird heute der Begriff „Bündisch" noch von einigen der modernen Fahrtenbünde benutzt. Nicht um einem vergangenen Stück Geschichte nachzutrauern, sondern um eine eigene bestimmte Art der Umsetzung des Pfadfindertums ~ des Fahrtenlebens, um die Nicht-Pfadfinderbünde nicht auszuklammern ~ zu bezeichnen. Diese ist geprägt durch eine Abgrenzung von bestimmten Formen des internationalen Scoutismus (wie z. B. Pfadfinderhut, Fahnenappelle, starre Hierarchie, Paraden usw., was z. B. bei den Boy Scouts of America ganz normaler Alltag ist) und der so genannten „offenen Jugendarbeit" (keine feste Gruppe, Beschäftigungsangebote) einerseits und der Pflege eines gewissen „Milieus" (bestimmter Stil, Traditionen, Attribute) andererseits, d. h. da hier der Begriff eigentlich nicht korrekt verwendet wird. Tatsache ist aber, dass er sich in der Bedeutung heute eingebürgert hat. Wer heute sagt, er habe eine bündische Einstellung, möchte damit nicht sagen, dass er zu einer (längst vergangen) Epoche gehört, sondern, dass er die gleiche Lebenshaltung besitzt wie diese Epoche, dass er in ihrem Geiste handelt und in ihren Werten denkt!

Man könnte diese Rückbesinnung auf „altertümliche" Formen nun epigonenhaft nennen, als Reliquien-Kult einer vergangenen Epoche, wenn sie sich im Nachahmen der äußerlichen Formen (Affe, Kohte...) erschöpft – und leider bleibt es auch bei einigen Gruppen dabei...!

Es kann aber auch mehr dahinter stecken!

In einer Zeit, wo sich alles so schnell um die eigene Achse dreht, dass es sich langsam selbst in Grund und Boden bohrt, kann die Rückbesinnung auf „Bewährtes" bereits wieder die Avantgarde eines neuen Wertewandels darstellen! (Es spielt hier auch der Begriff der inneren Wahrhaftigkeit aus der Meißnerformel eine Rolle.) Gut, die Juja mag mit ihrer rund 70-jährigen Geschichte manchem antiquiert erscheinen, aber wenn ich bewusst lieber solch eine Wolljacke anziehe, die sich irgendwann organisch abbaut, anstatt einer neuzeitlichen „Gore-tex-G1000-mach-3-Outdoor-Multi-side-options"-Jacke, die irgendwann einfach nur Plastikmüll ist, dann ist solch eine Juja wieder „ein philosophisch Ding" (dies umso mehr, wenn ich Kleidung auch als ein Kulturgut betrachte...). Und damit käme wir zu dritten, bedeutenden Facette des bündischen Begriffs."

Aus „Bündisch eine Erklärung" von B.L., 10.03.2002

Gegensatz zum Scoutismus

Wenn es bündische Pfadfinder gibt, was sind dann die nicht-nündischen? Welche im Übrigen rein quantitativ die Mehrheit der Pfadfinder in Deutschland bilden. Nun, der Gegensatz liegt, wie bereits erwähnt, auch im Schwerpunkt der Fahrt. Die „anderen" Pfadfinder, welche weniger deutlich durch die deutsche Jugendbewegung beeinflusst sind, werden – man braucht ja schließlich Begriffe zum Unterscheiden – „Scoutisten" genannt. Der reine Scoutismus sieht seine Wurzeln allein in der von Baden Powell gegründeten Pfadfinderbewegung (Scoutmovement) und nicht in der Deutschen Jugendbewegung. Daher der Name Scoutismus. Hier eine allgemeingültige Definition des Bündischen zu geben scheint mir fast unmöglich. Wer sich in der Szene auskennt, wird es ohnehin wissen und sich womöglich furchtbar aufregen über eine Definition mit dem Anspruch der Allgemeingültigkeit (Wenn er es nicht schon wegen diesem ganzen Kapitel getan hat.).

Ich versuche mal zusätzlich zu den schon genannten Aspekten des Bündischen die Unterschiede noch anhand der Organisationsstruktur zu erklären. Und bitte auch hier nicht vergessen, ich rede gerade von der Reinform, die es in Deutschland so kaum bis gar nicht mehr gibt. Der Scoutismus ist zentral organisiert. Ein scoutistisches Lager hat eine Lagerleitung, Schlafzelte, (mindestens) je ein Küchenzelt, Mannschaftszelt etc. Es gibt eine nationale Organisation, die hierarchisch strukturiert ist. Neue Gruppen werden geschaffen.

Im Bündisch-Jugendbewegten ist es genau umgekehrt. Die Kleingruppe ist zu hundert Prozent autonom. Die Kleingruppen bilden – sofern sie dies wünschen – eine höhere Instanz. Jede Kleingruppe ist aber für sich selbst lebensfähig. Wenn Bündische zusammenkommen, so wird sich im Regelfall jede Gruppe selbst versorgen. Natürlich gibt es auch das gemeinsame große Feuer. Aber jeder kann auch sein kleines eigenes Feuer haben. Das Stichwort lautet „Zentral versus Dezentral".

Zu diesem Thema empfehle ich folgende Bücher:

„Heranwachsen im Bündischen Geist"

von „Friedrich Karl Rothe"

ISBN: 3-88778-277-1 erschienen im Spurbuchverlag

„Bündisch Leben – Wozu" von „Alexej Stachowitz"

ISBN: 3-88778-199-6 erschienen im Spurbuchverlag

⟩⟩⟨ Die Kluftordnung

Ist es wirklich (immer noch) so seltsam, wenn in Deutschland eine Gruppe gleich angezogener Jugendlicher in der Öffentlichkeit unterwegs ist? Muss man den Klischees Recht geben? Erscheint die „Uniformierung" in Deutschland heutzutage politisch gleich soweit rechts, dass man Angst haben muss, irgendwo von Unwissenden (oder einfach nur Ignoranten) als HJ beschimpft zu werden? Ich habe leider schon viel zu viele Gruppen kennen gelernt, die deswegen resigniert haben und keine Kluft mehr in der Öffentlichkeit tragen.

Doch Resignation ist keinesfalls die richtige Lösung. Nicht nur, dass die DPSG kein politischer Verband ist. Unsere Tracht ist definitiv keine Form der Uniform im militärischen Sinne, auch wenn sie nach Baden Powell dort ihren Ursprung haben mag.

In unseren Gruppen sind Jungen und Mädchen jeder sozialen Schicht, jeder Altersgruppe und verschiedener Weltanschauungen sowie – obwohl wir ein katholischer Verband sind – unterschiedlicher Religionszugehörigkeiten. Es ist nicht allein die Problematik des „Markendenkens", welche seit Jahrzehnten diskutiert wird und seit Generationen das Leben Heranwachsender sehr stark zu prägen scheint. Natürlich möchten wir uns diesem immer stärkeren Auseinanderklaffen der sozialen Schichten entgegenstellen. Wir möchten aber auch – und das war die Grundidee der

„Kluft" – dass unsere Zusammengehörigkeit schon von außen erkennbar wird. Die Kluft fördert und symbolisiert das Gemeinschaftsleben. Auf größeren Lagern erkennt man schon von weitem, dass man selbst – unabhängig jeglicher anderen sozialen, kulturellen oder persönlichen Unterschiede – einfach dazugehört.

Und tatsächlich, diesen Zusammenhalt habe ich erlebt! Diesen kannst Du an jeder Straßenecke beobachten. Wie viele Hip-Hopper siehst Du, wenn Du tagsüber durch die Stadt bzw. Deinen Stadtteil gehst? Wie viele Metaler, Punks, Gruftis oder Neohippies? Und warum zum Teufel siehst Du sie überhaupt? Gehst Du zu jedem hin und fragst, "Hej, sag mal, zu welcher Subkultur gehörst Du denn?"

Komisch, die uniformieren sich alle irgendwie. Sie tragen alle irgendwelche speziellen Kleidungskombinationen, ja bewegen sich sogar oft ähnlich, sprechen den selben "Slang". Alle diese äußeren Merkmale sind Meme (als Markermem) der jeweiligen Subkultur. Es ist den jeweiligen Kids so wichtig, Teil dieser Gruppen zu sein, dass sie sich von sich aus entsprechend kleiden.

„Uniformierung" ist etwas absolut alltägliches, nur sieht es überall anders aus und wird teilweise ganz anders genannt. Und wenn die Kids gern zu mir kommen, in meine Gruppenstunde, dann bin ich automatisch Vorbild. Und wenn ich das Tragen von Kluft als gut empfinde (auch wenn ich das Nicht-tragen für nicht-schlimm halte), so nutze ich das doch als Chance. Ich habe es wirklich erlebt, dass das

Zusammengehörigkeitsgefühl bei Gruppen die deutlich auf das (ordentliche) Tragen der Kluft Wert legen, deutlich höher ist als bei den Gruppen, welche dies nicht tun.

Bei uns herrschen dann aber eben andere Regeln dieser Äußerlichkeiten als in anderen Gruppierungen.

Im Rahmen der Einführung und Diskussion der „Corporate Identity" vermisse ich deutlich den Aspekt des Auftretens als Gruppe. Eine gewisse Lockerheit an den Tag zu legen und sich selbst zwar ernst, aber nicht zu ernst, wichtig, aber nicht zu wichtig zu nehmen, gehört zum guten Ton in unserem Verband. Aber ich habe doch oft genug den Eindruck, als bestünde die allgemeine Ansicht, ordentlich als Gruppe aufzutreten, sei so etwas wie eine sich als militant outende Todsünde.

Wie oft sehe ich (Presse-)Bilder auf denen DPSG-Kluftträger zu sehen sind: Der eine hat das Hemd in der Hose, der nächste lässt es halb überhängen der andere ganz, da sieht man einen der es offen trägt wie ein Jackett, nur schmutziger, die einen mit Halstuch die anderen ohne Halstuch. Ziehen wir doch einen Vergleich zu anderen Jugendverbänden. Z. B. Jugendfeuerwehr, Trachtenjugend, Schützenverein (Also die „bewaffnete Trachtenjugend" um mit V. Pispers zu sprechen.), THW-Jugend, Jugendrotkreuz oder sonstige Organisationen; alle tragen sie ihre Tracht ordentlich und stellen ein entsprechendes Bild in der Öffentlichkeit dar.

Ich finde, wir gelten schon genug als „Eichhörnchen-dressierende Buschkacker". DPSG steht immer noch für „Deutsche Pfadfinderschaft Sankt Georg" und nicht für „Dumme Penner Sauf Gemeinschaft"!

Ich zwinge niemanden seine Kluft anzuziehen. Aber wenn sie getragen wird, dann bitte ordentlich! Eine allgemeine Pflicht, die Kluft zu tragen gibt es nicht, jedoch eine allgemeine Empfehlung. Das bedeutet für mich folgendes:

Wenn die Kluft getragen wird, so gilt:

- Das Klufthemd ist **KHAKI**! Nicht grün oder blau,

  nicht gebatikt, gefärbt o.ä. ... **KHAKI**!

- Stets mit Halstuch und Halstuchknoten

- Zugeknöpft

- Hemd in die Hose

Folgende Abzeichen sind auf der Kluft zu tragen:

- Stufenabzeichen auf der linken Brusttaschenklappe

- Nationalitätsabzeichen über der linken Brusttaschenklappe

- Weltbundabzeichen auf der rechten Brusttaschenklappe

- Evtl. Gruppenabzeichen wo es die Gruppe für richtig hält.

Weitere Abzeichen dürfen getragen werden, jedoch nur in begrenzter Anzahl. Dies ist mit dem jeweiligen Leiter abzusprechen. Eine Kluft ist eine Kluft und weder eine Litfasssäule noch ein Weihnachtsbaum oder gar die mit ihren etlichen Orden behängte Uniform eines russischen Generals.

Entweder die Kluft wird richtig getragen (zugeknöpft, mit Halstuch und in der Hose) oder gar nicht! Wenn Euch heiß ist, Ihr Euch unwohl fühlt o. ä. so zieht die Kluft aus. Dann habt Ihr halt keine Kluft an. Ich vertrete zwar an sich durchaus die Meinung, dass man als Pfadfinder seine Kluft tragen soll, aber lieber tragt Ihr sie gar nicht als schludrig!

≫‹ Singt Freunde

Ein Pfadfinderabend ohne Lieder ist wie ein Feuer ohne Flamme. Dieser Vergleich passt sehr gut wie ich finde, denn das Singen entfacht eine innere Flamme. Wenn wir in der Runde sitzen und singen, überkommt uns dieses eine, ganz besondere Gefühl, das wir nur haben, wenn wir auf Fahrt sind.

Die ganze Sentimentalität und Lebensfreude, welche Altpfadfinder bei ihren Berichten von Früher an den Tag legen, wird einem sofort klar, wenn man einen Singeabend an der Lagerfeuerrunde miterlebt. Sind es nicht genau diese mit Lieder und Lachen erfüllten Abende am prassenden Feuer unterm Sternenhimmel, an welche wir uns zu Hause und auch noch Jahre später sehnsuchtsvoll zurückerinnern? Sind es nicht diese Momente, welche die Essenz unserer Pfadfinderei in der Romantik des Augenblicks zum Ausdruck unserer Seele werden lassen?

Schlagworte wie Gemeinschaft, Geborgenheit, Freundschaft und Gemütlichkeit kommen einem in den Sinn.

Und es ist wirklich so: Lieder bringen uns zusammen und vermitteln dieses besondere Gefühl, das mehr ist als nur Freude und Zeitlosigkeit. Leider ist das Singen von – gerade, aber nicht nur, traditionellen - Liedern in unserem Verband relativ verkommen. Dabei hat die pfadfinderische Liedkultur auch etwas anderes zu bieten, als einen Kurzauszug aus der neuen deutschen Welle (Wie ich es gerade in meinem Verband oft erlebt habe).

Nichts gegen diese Lieder, aber nur diese Lieder sowie nachgesungene Chartlieder können aus meiner Erfahrung und meinem Empfinden die Lagerfeuerstimmung und Fahrtenromantik nicht wirklich hervorrufen, eher im Gegenteil. Falls Du kaum Pfadfinderlieder kennst, so wirst Du sehr überrascht sein, was es da alles gibt.

Singetreffen

Ich möchte jedem Leiter und überhaupt jedem Pfadfinder empfehlen, mindestens einmal im Leben – oder, wem es dann gefällt, mehrmals im Jahr – ein Singefest oder einen Singewettstreit zu besuchen. Am bekanntesten ist wohl der „HaSiWe" – der „Hamburger Singewettstreit", mit Vorfeier, Feier und Nachfeier. Schon mal ein paar hundert Halstuchträger gesehen, die eine Hamburger Hafenkneipe „entern", die Musikbox ausstecken und die Gitarren auspacken? Ja lieber Leser, einmal im Jahr passiert genau das in Hamburg! Aber der HaSiWe ist nur ein Beispiel unter vielen solchen Festen. Auch im eigenen Stamm kann man diese Kultur wieder hoch leben lassen.

„Singt, Freunde lasst die Klampfen klingen", „Nun greift in die Seiten, und singt uns ein Lied", „Wenn die Klampfen klingen und die Burschen singen", „Große Fahrt und wilde Lieder", „Es ist Zeit die Ledernen Hosen zu tragen", „Fahren, ja fahren", Sonnenschein und wilde Feste", um nur ein paar Liedtextauszüge zu zitieren, die mir beim Schreiben in den Sinn kommen.

Herkunft des Liedgutes

Sehr schön sind auch die Einflüsse aus dem Handwerk, aus Russland oder Irland. Nicht zu vergessen die auf Fahrten entstandenen Lieder wie „Roter Mond" oder die Lieder aus dem bündischen Widerstand gegen das NS-Regime.

Die alten deutschen Volkslieder haben auch einiges zu bieten. An dieser Stelle aber eine Klarstellung: Volksmusik hat mit volkstümlicher Musik ungefähr so viel zu tun wie ein Blauwahl mit Bergsteigen. Dieses „Die Welt ist doch so blumig, deswegen singen wir darüber im öffentlich rechtlichen Fernsehen"-Gedudel erzeugt bei mir eher Aggressionen als dass es mich musisch erfreut. Dies klingt sehr subjektiv und genau das ist es auch. Die beabsichtigte Differenzierung dürfte jedoch klar geworden sein.

Der Liederabend

Eine Liederabend kann eine einmalige, gelegentliche oder auch regelmäßige Kleinveranstaltung werden. Ein einfacher Kellerraum, auf dem Boden alte Teppiche, Kerzen stehen auf dem Boden verteilt und stellen den Raum in ein schummriges Licht. Heißer Tee oder Tschai steht im Topf daneben und wärmt die Kehlen. Die Lieder wechseln zwischen aufbrausend, fröhlich und albern zu langsam, melancholisch schön und ernsthaft.

Einen solchen Singeabend kann man auch jedes Mal unter ein anderes Thema stellen, wie „Lieder der Straße", „Rebellion", „Zunftlieder", „auf Fahrt", „Gemeinschaft" und so weiter. Mit jedem dieser Themen kann man locker mehr als nur einen Abend füllen, wenn man will.

Lieder auf CD und mp3

Wenn Du keine Möglichkeit siehst, diese Lieder – außer aus Büchern – kennen zu lernen, so hole Dir doch wenigstens die CDs. Das bündische Audio hat eine sehr schöne Auswahl! Einfach mal nach „Das bündische Audio" googlen. Wer sich für den bündischen Widerstand interessiert, dem empfehle ich besonders „Gegen den Strom", Ein Buch mit Liedtexten und sehr gut erklärenden Hintergründen samt CD.

Auch viele kostenlose mp3-Dateien gibt es zum Download im Internet.

Liederbücher

Aus meiner Sicht DAS Pfadfinderliederbuch (gerade auch für „Anfänger") ist der „Liederbock" vom VCP-Homburg. Kostet 7 EUR plus Versand, hat etwa 400 sehr schöne Lieder zusammengestellt, ist gut zu lesen (gerade bei Dämmerung), hat durchgehende Griffangaben zu allen Strophen (Gitarrespieler wissen das zu schätzen.) und passt locker noch in Deinen Brotbeutel.

Des weiteren ist der gute alte Zupfgeigenhansl zu empfehlen sowie der Silberspring.

Zudem verweise ich gerne auch auf die Internetseite http://deutscheslied.com/.

>>< Die Pfadfindergruppe

Wichtige Aspekte der Gruppe

- Zusammenhalt und Motivation

Das wichtigste für eine Gruppe ist der Zusammenhalt. Ohne Zusammenhalt kann sich keine Gruppe bilden, sondern es bilden sich „Einzelgrüppchen" und Außenseiter. Um das zu wissen, muss man kein Pädagoge sein, es reicht Pfadfinder (gewesen) zu sein.

Der aus meiner Erfahrung beste Weg, seine Pfadfinder „zusammen zu schweißen" ist, mit ihnen die Kohte einzupacken und auf Fahrt zu gehen (zu neudeutsch „Hike").

Auf Fahrt sind alle aufeinander angewiesen. Eine kleine Gruppe (bis maximal 10 Leute inkl. Leiter) hat hier nicht nur genug Platz für Abenteuer, sondern auch für sich als Gruppe. Abenteuer stellen sich auf Fahrt übrigens selbst ein. Sich wie für ein Lager ein Megaprogramm zu überlegen, ist hier gar nicht notwendig und würde eher schaden! Lasse es einfach auf Dich zukommen. Eines muss aber klar sein: Konflikte sind oft genug vorprogrammiert! Konfrontation ist zwar ein gutes Mittel zur Problemlösung, aber sie kann leicht zu einer Eskalation führen. Das Stichwort heißt Feedback. Doch hier muss der Leiter ein gutes Fingerspitzengefühl entwickeln.

Oft sind Feedbackrunden genau das Richtige. Manchmal müssen die Kids das aber komplett unter sich klären. Manchmal sollte so etwas vom Leiter moderiert werden, manchmal ist es besser, die Betroffenen ganz alleine zu lassen.

Es gibt kein Patentrezept und keine absolute Wahrheit. Aber an Dich als Leiter habe ich doch eine Kernbotschaft: Du bist auch nur ein Mensch und auch nur ein Gruppenmitglied! Zeige das auch. Zeige und sage ruhig „Jungs, Mädels, ich gehe selbst grad auf dem Zahnfleisch. Leute, ich weiß jetzt auch nicht, wo es lang geht!" Und bewahre dabei Dein Vertrauen in Dich selbst und in die Gruppe! Du bist Vorbild. Zum Vorbild sein gehört ein „Ich handle so und so, wenn ich nicht weiter weiß" und kein „Ich weiß immer, wo es lang geht".

Persönliche Leistung

Der politische Ausdruck „Leistung muss sich wieder lohnen" mag nur ein Lippenbekenntnis sein (Wie wär's wenn wir alle die schreien „Leistung muss sich wieder lohnen" nach Leistung bezahlen würden, um meinen Lieblings-kabarettisten zu zitieren? Wäre sehr interessant zu sehen wie viele von denen übrig blieben.), aber persönliche Leistung verdient zumindest Anerkennung!

Mache Deine Jungs und Mädels stolz auf ihre Leistungen und auf ihre Gruppe. Fördere und fordere sie! Stelle auf Fahrten Aufgaben, die sie nur zusammen lösen sollen und können! Je größer die Herausforderung, je glorreicher die Leistung, auf die man stolz sein kann, je weiter wird die Gruppe zusammen wachsen.

Und tue Dir dabei einen Gefallen: Lasse solche pädagogisch wichtigen Methocen Methoden bleiben, und nicht Selbstzweck werden! Lasse die Gruppe etwas bauen, wenn man es als Gruppe nutzen kann. Lasse sie über einen reißenden Fluss als Gruppe ziehen, wenn ihr WIRKLICH rüber müsst usw. Gemeinsame Motivation bedeutet Gruppenzusammenhalt.

Warum nicht eine „sinnlose" Aufgabe? Nun, erst mal, weil man sich sonst als Gruppenkind ganz leicht verarscht vorkommt! Wenn Du etwas als Leiter anordnest (Ob es Dir nun gefällt oder nicht, gerade bei jüngeren Gruppen bist Du nicht nur der Leiter sondern auch der Führer der Gruppe!) so soll das Sinn ergeben. Vertrauen unter der Grüpplingen untereinander ist wichtig. Fast noch wichtiger ist das Vertrauen zwischen Gruppe und Leiter.

Lasse nicht den „Führer" raushängen, mache alles mit, was Deine Gruppe macht. Es ist oft schwer, Vertrauen aufzubauen, aber eines ist äußerst wichtig: Sei immer ehrlich zu ihnen! Alles, was Du von Ihnen forderst, musst Du auch geben. Auch Du bist mal mit Abspülen dran! Auch Du musst mal das Klo putzen (Ok, auf Fahrt nicht, aber ich muss doch das berüchtigtste Scheißjob-Klischee ausgraben.).

Wichtig für das Vertrauen zu Dir ist aber auch Deine Kritikfähigkeit, nimm Kritik auf und äußere Dich dazu. Gestehe auch Fehler ein, entschuldige Dich ruhig. Du bist nicht perfekt. Aber eines sollen die Kids von Dir lernen: Egal in welcher Situation man steckt, egal ob man super routiniert ist oder völlig am Arsch und nicht weiter weiß. Man denkt darüber nach und trifft eine Entscheidung.

Mache ruhig alles mit, was Deine Kids möchten, toleriere Ihre Wünsche (Außer es ist etwas wie „Wir fackeln diesen Wald ab!"). Akzeptiere Ihre Meinung, auch wenn es Dir schwer fallen mag. Schaffe Dir neben dem Vertrauen den damit kommenden Respekt; ohne diesen wird Deine Gruppe irgendwann völlig aus dem Ruder laufen.

Wenn Du eine Auseinandersetzung im Leitungsteam hast oder einen handfesten Streit mit einem anderen Leiter, so musst Du verhindern, dass dies vor Deiner Gruppe ausgetragen oder gar in Deine Gruppe getragen wird. Nimm Dir die Zeit und betreffende Leute zur Seite und kläre das abseits der Gruppe.

Gleichberechtigung

Behandele Deine Jungs und Mädels immer fair, keinesfalls solltest Du jemanden bevorzugen. Es gibt immer Leute in Deiner Gruppe, die Du besonders gut leiden kannst, mit denen Du besonders gut auskommst, ja sogar solche, mit denen Du Dich stundenlang unterhalten kannst. (So ab Pfadialter ist das mir bei meinen Gruppen zumindest oft gegangen.) Um hier eine gute Gleichberechtigung durchziehen zu können, ist es aber auch wichtig, sich selbst Sympathien einzugestehen. Menschen neigen dazu, die Logik als Ausredengenerator zu verwenden. Und man kann fast alles logisch begründen! Wenn man sich selbst aber eingesteht „Kind A geht mir nun mal oft auf die Nerven" und „Kind B ist echt ein Kumpel" dann wird man sich auch in Problemsituationen eher zugestehen selbstkritisch zu fragen „In wie weit beeinflusst meine persönliche Beziehung jetzt vielleicht meine Entscheidungen?".

Die Anforderung alle gleich zu behandeln wird oft als „ich muss allen gegenüber gleich empfinden" missverstanden. Das ist nicht nur Blödsinn, es ist auch unmöglich! Alle absolut gleich zu behandeln ist deswegen schon schwierig, weil sie nicht alle gleich sind.

Unterschiede

Achte darauf, dass soziale und ethnische oder religiöse Unterschiede Dein Gruppenleben nicht negativ beeinflussen. Verhindere, soweit es Dir möglich ist, dass Kinder reicherer Eltern wesentlich mehr Taschengeld auf Großfahrten haben als Kinder ärmerer Eltern. Versuche Fahrten preislich so zu gestalten, dass jeder es sich leisten kann mitzufahren. Mache Dir religiöse Gefühle aller Gruppenmitglieder bewusst und respektiere diese.

Vorbild

Eine kleine Anekdote die sich so oder so ähnlich immer wieder in vielen Haushalten abspielt: Eine Mutter hat ihren Sprössling beim Lügen erwischt. Der Junge hatte sie angelogen und nun durfte er sich eine lange, um nicht zu sagen sehr lange, Predigt zum Thema Ehrlichkeit anhören, wie wichtig es doch sei immer und überall offen und ehrlich zu sein, die Wahrheit zu sprechen denn das gehöre sich so. Inmitten der Predigt klingelt es an der Tür. Die Mutter unterbricht kurz ihre Predigt, guckt aus dem Fenster und erspäht die nervige Nachbarin, worauf sie zu ihrem Sprössling meint „Geh runter und sag, ich bin nicht da." Nach der Rückkehr des Sohnes fährt sie in ihrer Predigt fort.

Fällt Dir etwas an dieser Geschichte auf? Was meinst Du, was ist stärker, das Vorbild der Mutter oder ihre Predigt? „Wasser predigen und Wein trinken" könnte man es auch nennen. Behalte dieses Beispiel.

Denn Du als Leiter bist Vorbild, ob Du willst oder nicht! Deine Schützlinge werden sich deutlicher an Deinen Handlungen orientieren als an Deinen Worten, oft nicht mal bewusst, sondern unbewusst. Dies gilt in jedem Bereich. Es ist aber nicht negativ, im Gegenteil. Nutze dies im positiven Sinne. Wenn Du mit Deiner Gruppe in der Straßenbahn fährst, und eine alte Frau hält sich gerade so auf den Beinen, biete Du ihr sofort Deinen Platz an. (Ich weiß, ein Klischee, aber irgendwoher muss es ja kommen.) Wenn Du willst, dass Deine Jungs und Mädels ihre Kluft ordentlich tragen, so mache es ihnen vor!

Dies gilt im Übrigen nicht nur innerhalb der Pfadfinder. Oft braucht es jemanden um den ersten Impuls zu setzen, damit die anderen es ihm gleich tun. Dieser infektiöse Effekt der „täglichen guten Tat" ist es, der es ermöglicht, dass auch ein einzelner Mensch viel bewegen kann.

Du bist Vorbild aber nicht unbedingt Idol; der Unterschied sollte Dir klar sein.

Überlege Dir auch gut, welche Idole Du als Kind und Jugendlicher hattest? Lerne auch etwas über die Idole Deiner Jungs und Mädels. Es sind längst nicht nur Rockstars oder Spitzensportler. Diese Idole sind etwas ganz besonderes, sie sind deutlich mehr als nur Vorbilder. Je mehr Du über diese Menschen weißt, umso mehr erfährst Du auch über Deine Schützlinge, Ihre Wünsche, Hoffnungen, aber auch Ängste.

Um jemanden auf seinem Weg begleiten zu können, musst Du wissen, woran sich dieser Mensch orientiert. Und wenn Du etwas besonderes vermitteln willst, darfst Du nicht nur darüber sprechen, sondern es auch vorleben.

Idole kennen und aktiv Vorbild zu sein, gehören dazu, wenn man die Jugendlichen nicht nur verstehen, sondern im Herzen begreifen will.

(Vor-)Urteile

Ich denke, es ist recht deutlich geworden, wie ich über die Lebensform Pfadfinderei denke. Ich bin ein Freund traditioneller Lieder, ich bin für das ordentliche Tragen der Kluft, ich bevorzuge die Kohte und überhaupt bin ich lieber auf Fahrt als in einem Lager. Die Angebote, in andere Verbände und Bünde zu wechseln, habe ich längst aufgehört zu zählen und dennoch bin und bleibe ich in meinem Verband. Natürlich bin auch ich nicht mit allem einverstanden und nicht über alles glücklich was in meinem Verband läuft. Schließlich bin ich ein frei denkender Mensch und habe meine eigene Meinung, mein eigenes Bild vor Augen. Aber wie leicht es einem doch fällt, über andere innerhalb von Sekunden nach eigenen Maßstäben zu urteilen. Verstehe mich nicht falsch, ich bin kein Vertreter der „Wir haben uns alle ganz doll lieb"-Pädagogik. Ich bin fast schon „auf der dunklen Seite der Pädagogik". Selbstverständlich soll man sich ehrlich sein eigenes Bild machen! Aber man soll nicht vorurteilen. Ich habe Pfadfindergruppen erlebt, die alle oben erwähnten Aspekte abgelehnt haben. Ihre Lieder stammten eher aus der neuen deutschen Welle, die Kluft war für sie mehr legere Arbeitskleidung mit Litfasssäulenfunktion für Aufnäher und das mit der Fahrt will ich lieber gar nicht erwähnen. Aber ihr Zusammenhalt war gigantisch und sie hatten offene Augen und Ohren mit denen sie durch die Welt gingen, engagierten sich als Gruppe sozial und waren alle ziemlich cool drauf. Auf den ersten Blick jedoch erschienen sie mir als alles andere, nur nicht als Pfadfinder. Aber als ich sie näher kennen lernte, durfte ich das Gegenteil erkennen. Suche nicht unbedingt nach dem, was Deinen ersten Eindruck bestärkt, sondern gerade aktiv nach dem, was diesem widerspricht. Die Kunst dessen, sich ein eigenes Bild zu machen besteht darin, das „vor" aus dem Wort „Vorurteil" zu streichen.

Entscheidungsmethoden

Wie schon erwähnt, musst Du als Leiter und auch die Gruppe als Einheit Entscheidungen treffen. Natürlich läuft man (gerade in Extremsituationen) Gefahr, die falsche Entscheidung zu treffen. Aber sich zu entscheiden, keine Entscheidung zu treffen, ist immer die falsche Entscheidung! Entscheidungen fangen schon bei „Was wollen wir übermorgen zu Abend essen" an, gehen über „Wohin gehen wir auf Fahrt" weiter bis hin zu Entscheidungen wie „Wir wurden vom Wetter überrascht, es ist ein heftiger Regensturm über uns! Bauen wir irgendwo das Zelt auf, oder laufen wir weiter, bis wir einen Unterstand finden?"

Jede Situation, sowohl die äußeren Umstände als auch die Gruppensituation, verlangt nach ihrer ganz eigenen Entscheidungsfindung. Welchen Weg zur Entscheidung man schließlich einschlägt, hängt eben von der Situation ab (was schon wieder eine Entscheidung ist *seufz*).

Der Kompromiss

Kurz gesagt, man kommt sich entgegen. Man kann nicht immer alles haben, und wenn jeder etwas aufgibt, um der Gemeinsamkeit willen, kann das sehr gute Auswirkungen auf die Gruppe und auf die Sache, um die es geht, selbst haben. Aber Vorsicht: Es besteht die Gefahr, dass jeder genau das aufgibt, was ihm wichtig ist und am Ende alle unzufrieden sind und sich evtl. sogar gegenseitig die Schuld dafür geben.

Der Konsens

Wir lernen die Ziele, Gefühle und Vorstellungen der anderen kennen und suchen im Gespräch nach einer Lösung bei der ALLE zufrieden sind. Einfaches Beispiel: Die einen wollen nach Norwegen auf Fahrt, die nächsten nach Spanien und die dritten nach Österreich. Wir fragen nach dem Hintergrund dieser Wünsche. Die „Norweger" lieben Flüsse und Wälder und wollen an einem Fluss entlang wandern. Die „Spanier" wollen es schön warm haben und genießen die Sonne! Die „Österreicher" wollen in die Berge.

Der Konsens: Man sucht ein Fahrtengebiet, in welchem alle diese Aspekte erfüllt werden.

Doch so schön diese Methode auch klingt, so sei Vorsicht geboten! Nicht nur braucht so ein Prozess richtig viel Zeit (Was in vielen Situationen sicher auch ausschlaggebend sein mag.), auch geht der Konsens davon aus, dass die Klärung der aktuellen Sache das für alle wichtigste auf der Welt ist! Wenn sich die persönlichen Ziele verschieben, kann ein Konsens auch ziemlich in die Hose gehen! So hat sich die persönliche Motivation der Konsensfindung bei einer meiner Gruppen einmal von „Wir wollen das jetzt klären" auf „Wir haben kein Bock mehr, uns ist kalt, wir wollen weg hier, lass uns diesen Konsenssch... schnell hinter uns bringen" geändert. Das „Ergebnis" war entsprechend in seiner Qualität. (Und glaube nicht, die Kids würden das so ehrlich und direkt äußern! Die wissen genau, was Du hören willst! Und wenn sie auch keinen Bock haben, das später zu klären, so werden sie Dir genau das sagen, was Du hören willst, damit Du „Ruhe gibst"). Aber in Planungen, besonders von Aktionen im Allgemeinen und Fahrten im Speziellen, ist der Konsens eine tolle Methode. Hierzu empfehle ich auch jedem einen Woodbadgekurs zu besuchen.

Abstimmung

Die Mehrheit entscheidet! Es gibt eine gröbere Auswahl an Möglichkeiten und per Mehrheitsbeschluss wird ein bestimmter Punkt aus- oder rausgewählt. Diese Methode geht recht schnell. (Außer bei den Spezialisten, die selbst in Notsituationen erst mal anfangen zu diskutieren, ob die Wahl denn nun geheim sein muss oder nicht!) Manchmal ist es auch angebracht, eine Abstimmung als Leiter zu erzwingen. Dies solltest Du als Leiter z. B. dann tun wenn „jetzt ENDLICH" eine Entscheidung getroffen werden muss und Du in der aktuellen Diskussion kein Land siehst. Abgestimmt wird recht oft im Gruppenleben. Doch hier besteht die Gefahr, dass sich die „Verlierer" ausgestoßen fühlen und nicht mehr „dahinter stehen". Das tut weder diesen noch der Gruppe gut. Hüte Dich aber besonders davor, Abstimmungen anzusetzen, wenn vorher behauptet wurde „Wir diskutieren das jetzt aus und bilden einen Konsens". In diesem Fall wird selten jemand wirklich zufrieden sein und Du verlierst Deine Glaubwürdigkeit.

„Ich bin der Leiter"

Wir machen das „weil ich das so sage" ist eine Methode, die JEDER Leiter irgendwann einmal in irgendeiner Situation anwenden muss, so leid es ihm auch tut. Es gibt solche Situationen und gerade auf Fahrt wird diese Situation irgendwann einmal vorkommen. Meist dann, wenn keine Zeit für eine große Diskussion besteht. Deine Gruppe vertraut Dir, sie werden Dir folgen! Und in genau dieser Situation bist Du der Führer der Gruppe, der Kopf, der Entscheidungsträger! Glaube nicht, dass Dich direkte Demokratie immer weiterbringt. Es ist zudem nicht das, was immer gewünscht ist. Triff eine Entscheidung selbst für alle, wenn es sein muss! Sei sehr vorsichtig damit! Wende dies so selten wie möglich, aber so oft wie nötig, an.

Verantwortung

Die ganze Welt spricht von Verantwortung. Was bedeutet dies denn nun eigentlich? Verantwortung wird von Wikipedia folgendermaßen definiert: *„**Verantwortung** bedeutet, die Folgen für eigene oder fremde Handlungen zu tragen. Sie drückt sich darin aus, bereit und fähig zu sein, später Antwort auf mögliche Fragen zu deren Folgen zu geben. Eine Verantwortung zieht immer eine Verantwortlichkeit nach sich, d. h. dafür Sorge zu tragen, dass die Entwicklung des Verantwortungsbereichs im gewünschten Rahmen verläuft."*

Verlange schon früh von Deinen Kids, Verantwortung zu tragen, fange bei kleinen Dingen an, steigere langsam, aber stetig. Kinder und Jugendliche können mehr Verantwortung tragen, als man vielleicht glauben mag. Etwas Bedeutendes zu tun, heißt bedeutend für die Gruppe zu sein. Herausforderung heißt deswegen so, weil die Menschen dabei aus sich heraus müssen.

Fördere die Individualität Deiner Kids. Lasse sie wirklich wichtige Dinge für die Gruppe eigenverantwortlich erledigen. Eigenverantwortliches Tun bedeutet, dass Du es ihnen wirklich an-vertraust, also ihnen vertraust. Du definierst ein Ziel, einen Sollwert, sowie eine Deadline. Du kontrollierst sie nicht und fragst auch nicht ständig nach. Du lässt sie aber wissen, dass Du jederzeit bereit bist zu helfen. Lasse Deine Leute nicht in dem Gefühl, verlassen zu sein. Mische Dich aber nicht ein, selbst wenn Du um Hilfe gebeten wirst, reiße nicht die ganze Aufgabe wieder an Dich, sondern versuche erst mal nur Unterstützung zu geben, damit Deine Kids selbständig und eben eigenverantwortlich weiter arbeiten können.

Wenn Du Verantwortung an sie abgibst, so steigerst Du ihr Selbstwertgefühl und intensiviert Euer Vertrauensverhältnis zueinander. Du sollst niemanden über-fordern, aber deswegen sollst Du nicht das Fordern sein lassen. Es verlangt ein hohes Fingerspitzengefühl, aber Fordern und Fördern im individuellen Maß gehören zur guten Entwicklung dazu.

Rituale

Wer dabei nur an den Gemeindepfarrer am Weihrauchfässchen oder an den Medizinmann aus Winnetou denkt, dem sei gesagt, wir haben in unserem alltäglichen Leben einen Haufen Rituale, die unser Leben oft genug regeln! Das sich Vorstellen und Händeschütteln, das in Fleisch und Blut übergegangene Zähneputzen am Abend, die Gute Nacht Geschichte bei Kindern, der Kaffee und Kuchen beim Tratschen.... das alles und vieles, vieles mehr sind alltägliche Rituale! Das machen wir uns auch in der Pfadfinderarbeit zu nutze, z. B. unsere Morgenrunden, Kreise etc.

Ein fester Anfang und ein festes Ende des Tages (oder der Gruppenstunde) gibt Halt, Gemeinschaftsgefühl und innere Stabilität. Entwickle eigene Rituale in Deiner Gruppe! Sie geben Dir einen sehr guten Arbeitsrahmen im Trupp und verdeutlichen unbewusst Abläufe. Ich habe Stämme erlebt, da ist der StaVo fünf Minuten lang damit beschäftigt die Leute zur Ruhe zu bringen, bevor er etwas sagen kann. Ich habe aber auch Stämme erlebt, da schnappt sich einer die Klampfe und es wird ein Lied angestimmt das alle kennen. Im Anschluss ist der weitere Programmablauf absolut kein Problem mehr.

Unterschätze niemals die Macht der Rituale. Im Gegenteil, mache sie Dir zu Nutze, in Deiner Gruppe, in Deinem Stamm und überall sonst, wo Du diese für richtig erachtest.

Gruppenstundenregelung

Gruppenstunden sind die Keimzellen der Gruppe. Alle Gruppenstunden der Welt können aber die gemeinsame Fahrt nicht ersetzen!

Der Gruppenstundenablauf unterliegt dem Leiter. Dies umfasst sowohl den Inhalt als auch die Dauer und die Lokalität. Dies bedeutet aber auch, dass Du als Leiter darauf achten solltest, möglichst mit Deiner Gruppe zusammen die Gruppenstunden zu planen. Worauf ein Mensch selber Einfluss hat, wird er mehr achten!

Folgende Eckpunkte sollten jedoch beachtet werden, um einen qualitativen Ablauf der Gruppenstunden zu gewährleisten:

- Pünktlichkeit des Leiters (und natürlich der Grüpplinge)

- Einheitliches Anfangsritual und Abschiedsritual

Der Leiter sollte sich vor der Gruppenstunde folgende Fragen beantworten können:

- Wie geht es mir? Warum bin ich in diesem mood?

- Was möchte ich in genau dieser Gruppenstunde erreichen?

Langfristig sollte sich der Leiter (am besten mit der Gruppe zusammen) einen Meilensteinplan zusammenstellen. Dieser sollte sich u. a. an die Inhalte der Fähigkeiten und Fertigkeiten der jeweiligen Stufen anlehnen (siehe hierzu die Stufeninhalte in der Ordnung und Satzung).

Achte bei Älteren (so ab 12 Jahren) darauf, dass auch sie mal eine Gruppenstunde vorbereiten und durchführen. Siehe hierzu auch den Abschnitt „Verantwortung". Die Planung von Gruppenstunden ist eine sehr wertvolle Erfahrung für die Jungs und Mädels und es bezieht sie intensiv mit in den Gruppenprozess ein.

>>< Die Gruppenstunde

Die Grundzüge der Gruppenstunde wurden bereits im vorangehenden Kapitel „Die Pfadfindergruppe" erläutert. Auf mehrfachen Wunsch der Leser findet sich in der überarbeiteten Fassung dieses Kapitel eigens für die Gruppenstunde. Halte Dich an das bereits geschriebene, setze feste Punkte und Rituale in Deine tägliche Pfadfinderarbeit ein und sei nicht nur Begleiter, sondern auch Teil der Gruppe.

Definition

Eine Gruppenstunde ist das allwöchentliche Treffen außerhalb der Ferien zu einem festen Zeitpunkt einer Pfadfindergruppe. Die Gruppenstunde wird in vielen Verbänden und Bünden heute noch als Heimabend bezeichnet. Der Name Heimabend stammt aus der bündischen Epoche und bezieht sich auf den Umstand, das Zusammentreffen abendlich im Pfadfinderheim abzuhalten. Der Begriff wurde von der HJ übernommen und ist seither unter einzelnen Leuten umstritten.

Die Gruppenstunde hat zum Ziel der Gruppe eine feste Struktur sowie Raum für Ideen und Regelmäßigkeit zu geben und sie damit insgesamt auch handlungsfähig zu machen.

Diese wöchentlichen Treffen werden durch die Gruppenleiter geleitet, gestaltet und vorbereitet. Die Gruppenmitglieder in diesen Prozess einzubeziehen ist nicht nur
erwünscht, sondern auch sehr wichtig für den
Gruppenprozess.

Inhalt

Raum für Diskussion und Austausch

Nur „rumzudiskutieren" ist nicht gerade das, was eine
Gruppe immer tun sollte. Aber sich über Ideen oder
bewegende Ereignisse auszutauschen gehört dazu. Mit
„bewegenden Ereignissen" meine ich das, was die Kids
bewegt, interessiert oder auch betrifft. Die meisten Themen
werden sich in der Gruppe selbst ergeben. Viele Themen
werden aber auch vom Gruppenleiter vorgegeben. Das eine
schließt das andere aber nicht aus. Der geistige Austausch
und der Diskurs auch entgegengesetzter Meinungen im
Kreise der Gruppe in freundschaftlicher Atmosphäre ist
heute eine Fertigkeit welche wichtiger denn je ist.

Basteln und Bauen

Gemeinsam einen Sippenwimpel zu schneidern, die Wanderstöcke zu gestalten oder den Gruppenraum zu dekorieren macht Spaß und ist mehr als nur meditatives vor sich hin Werkeln. Es entsteht auch etwas Bleibendes und das ist für alle Beteiligten sehr gut. Das ist immer etwas Tolles und ich habe gerade beim Schreiben selbst eine Idee, was ich mit meinen Rovern machen kann. (Und nein, es ist keine Saufmaschine!)

Pfadfindertechniken

Das sind so die klassischen Gruppenstundenthemen: Knoten, Erste Hilfe, Pflanzenkunde, Karte & Kompass, Zeltaufbauen, Fahrten & Lagertechnik etc. Muss ich wirklich mehr dazu sagen?

Fahrtenplanung

Siehe hierzu auch das Kapitel Fahrtenplanung. Du wirst sehr viele Gruppenstunden für die Planung einer Sommerfahrt aufwenden müssen. Selbst bei einer Wochenendfahrt wird es (gerade wenn die Gruppe noch nicht so planungserfahren ist) länger dauern.

<u>Liederstunden</u>

Lieder lernt man am besten am Lagerfeuer kennen. Aber auch mal in der Gruppenstunde ein paar Lieder zu trällern, ist hin und wieder angebracht. Gemeinsames Singen wirkt sich positiv auf das Gruppengefühl aus.

Spielen

Gerade bei Wölflingen, aber auch bei allen anderen Gruppen, muss man mal spielen. Ja, auch mit Rovern oder Pfadis kann man spielen. Zum einen natürlich die ganzen pädagogischen Spiele, wie Vertrauensspiele oder Teamspiele. Dann die klassischen Karten- und Gesellschaftsspiele. Vielleicht auch das eine oder andere Rollenspiel (Pan and Paper). Oder (für mich als Rhetoriktrainer ein Favorit), die sehr unterhaltsamen „rhetorisch wertvollen" Spiele. Das bekannteste ist da wohl „Tabu". Dann gäbe es da noch „Ein solches Ding" oder, wer es noch verrückter mag „Ja, Herr und Meister". Ich will hier nicht die Spielanleitung reinkopieren, aber googelt doch mal nach diesen Spielen, es lohnt sich!

Projekte

Insbesondere in unserem Verband spielen Projekte eine große Rolle. Jedem, wirklich jedem Leiter empfehle ich sich mit der Projektmethode auseinanderzusetzen oder sogar einen Woodbadgekurs zu besuchen.

Ich drücke es mal so aus: Die Projektmethode ist dazu da, um geplantes Handeln mit Ziel und Struktur durchzuführen.

Interessen und Ideen sollen von der Gruppe eingebracht werden. Das schwierigste ist dabei ein gemeinsames Projekt zu finden, in dem die Ziele der einzelnen Gruppenmitglieder enthalten sind. Und glaube mir, ein Ziel zu definieren, ist verdammt schwierig. Ein Projekt kann alles mögliche sein, sogar die Sommerfahrt selbst kann ein Projekt sein. Das entscheidet die Gruppe.

Die Reflexion ist dabei sehr wichtig, aber tue Dir einen Gefallen und reflektiere nicht um des Reflektierens willen. Auf dem WBK lernt man sehr viel, insbesondere praktisch. Aber gerade deswegen habe ich sinnloses Reflektieren hassen gelernt. Nach meinem WBK I konnte ich wochenlang das Wort Reflexion nicht mehr hören. Also, Reflexionen sind sehr wichtig und sehr oft notwendig, aber bitte nur dann reflektieren, wenn es angebracht ist.

Struktur

Zwar bereits erwähnt, aber umso wichtiger: Bringe eine feste Struktur in Deine Gruppenstunden! Rituale sind absolut wichtig, Anfangsrituale, Schlussrituale. Gib Deinen Gruppenkindern einen Rahmen vor, welcher ihnen Halt gibt, statt sie einzugrenzen. Und vergiss nicht, die Gruppenstunde ist die Keimzelle der Pfadfindergruppe, und stellt nicht die Gruppe selbst dar. Das Herz der Pfadfinderei ist da draußen, nicht im Pfadfinderheim, dieses ist nur die Basis.

>>< Ausrüstung

Ein Pfadfinder braucht seine Ausrüstung so wie auch ein Bergsteiger die seinige benötigt. Die Ausrüstung eines Pfadfinders wird im Laufe der Zeit wachsen. Ich persönlich besitze eine eigene Kohte. (Schwarzzelte – besonders die von Troll – sind einfach die besten!) Viele Halstuchträger gönnen sich diesen Luxus irgendwann einmal, aber es sind längst nicht die meisten. Was braucht denn nun ein Pfadfinder und damit auch ein Pfadfinderleiter an Ausrüstung? Ich versuche hier mal die Ausrüstung chronologisch aufzuschreiben. Das bedeutet in diesem Fall, wie sich die Ausrüstung eines Pfadfinders im Laufe der Zeit aufbaut. Und ich lasse hier so die Standardsachen einer Packliste wie z.B. „2 T-Shirts zum Wechseln" etc. einfach weg.

Persönliche (Grund)Ausrüstung

Kluft mit Halstuch & lange Hosen

Einfacher Wanderrucksack

Einen einfachen Sommerschlafsack & eine günstige Isomatte

Feste Schuhe

Regenponcho

Tasse, Besteck, unzerbrechliche Schüssel und Holzbrettchen

Kleines Taschenmesser

Diese Grundausrüstung wird im Laufe der Zeit ausgebaut. Ich bin selbst ja durchaus ein Freund von Stil. Zur Kluft kommt irgendwann eine Juja (Jungenschaftsjacke), die lange Hose (Anfangs zumeist eine Jeans) wird bei vielen (gerade im bündischen Milieu) zu einer Zunfthose (meist schwarz und aus Kord) oder zu einer Lederhose.

Der einfache Wanderrucksack (Bei vielen die Aldiversion, die aber gerade für Einsteiger echt gut ist.) wird recht bald durch einen guten Wanderrucksack ersetzt (Der Rücken dankt es einem.), bei anderen durch einen Affen, das ist dann eine Frage des Geschmacks, des Stils und der Philosophie.

Auch der Sommerschlafsack ist sehr schnell durch einen Winterschlafsack ersetzt. Gerade in meinen Breiten (Allgäu, Winterfahrt mit Kohte bei teilweise −16°C, muss ich noch mehr sagen?) ergibt sich das recht bald.

Ebenso ergeht es der günstigen Isomatte. Meine gibt es noch, aber sie hat einer neuen dickeren Isomatte (besonders für Winterwanderungen) und einem Rentierfell (ok, ok, zwei Rentierfellen, aber ich nehme immer nur eines mit) weichen müssen.

Feste Schuhe weichen ebenfalls und zwar weichen sie auf, passiert mit der Zeit! Somit weichen diese neuen festen Schuhen.

Der Regenponcho bleibt... trotz wasserdichter Juja bleibt der Poncho. Dieser weicht nicht auf. Evtl. verbrennt er aus

Versehen am Feuer oder wird durch Funkenflug so löchrig wie die Segel der Black Pearl aus Fluch der Karibik. In diesem Fall kommt ein neuer ins Gebäck.

Tasse, Besteck und unzerbrechliche (anfangs oft aus Plastik) Schüssel haben bei mir einem Koschi weichen müssen. Das Holzbrettchen ist geblieben. Es wurde lediglich schöner im Laufe der Zeit.

Das kleine Taschenmesser ist in meiner Pfadizeit einem große Messer gewichen, wurde dann aus Gründen der Praxis und der Einsicht, dass es nicht auf die Größe ankommt (übrigens gerade für Jungs eine pädagogisch wertvolle Einsicht) durch ein gutes Taschenmesser ersetzt und schließlich durch ein gutes Norwegermesser ergänzt. Als Fahrtenmesser eignen sich aber auch sehr gut Finnenmesser oder Takelmesser.

Damit wären wir bei der Standardausrüstung angekommen.

Dennoch wächst sie weiter, nur ist vieles davon nicht mehr einfach nur Ausrüstung, sondern gehört zum Leben einfach dazu. Pfadfinderei ist für mich schließlich eine Lebenseinstellung.

Die Gitarre gehört irgendwann auch dazu, bei mir erst recht spät. Zu meinem 23. Geburtstag habe ich mir diese schenken lassen. Mein Hintergedanke hierzu war „Jetzt reicht's! Seit Jahren bin ich auf Singetreffen dabei, liebe und pflege diese Kultur der Pfadfinder und kann nicht mal Gitarre spielen!" Also habe ich das geändert.

Von den Bergen an Büchern, welche sich bei mir stapeln, will ich jetzt gar nicht erst anfangen zu berichten. Es sind einfach Kleinigkeiten, die laufend hinzukommen. So wie die Takelbluse, mehrere Zimmermannshosen, sogar Gästeschlafsäcke finden sich bei mir. Die stilechten Zinn- und Tonbecher, mit denen ich meine bündischen Gäste bewirte, gibt es natürlich auch! Die Minimag reicht nach wie vor als Taschenlampe. Und als Leiter habe ich ohnehin immer ein Erste-Hilfe-Päckchen dabei. Dieses gehört aber prinzipiell zur Gruppenausrüstung.

Gruppenausrüstung

Die Gruppe hat natürlich auch eine Ausrüstung. Diese befindet sich zumeist im Stammesbesitz. Die Lebensmittel und Verbrauchsgüter wie Spülmittel oder Seife will ich hier nicht groß behandeln, nur eines sei erwähnt: Nimm mindestens eine Rolle Klopapier in einer Plastiktüte verpackt mit, egal wo es hingeht! Die Klopapierrolle ist zwar Zivilisationsluxus, aber nicht nur weil ich Linkshänder bin, lehne ich die „indische Tradition der linken Hand" als alternative zum Klopapier energisch ab! Wer das anders sieht tue anderen Pfadfindern bitte einen Gefallen, und warne uns bevor wir ihm unsere linke Hand zum Pfadfindergruß geben.

Die Kohte, der Sippentopf sowie der Sippenwimpel sind die bekanntesten Gemeinschaftsutensilien. Aber auch das bereits erwähnte Erste-Hilfe-Päckchen oder die Gruppenaxt gehört dazu. Je nach Aktion kommt mehr oder weniger Material hinzu. Auf einer Wanderfahrt wird diese Ausrüstung kaum groß erweitert werden. Auf einem Lager kommt da noch richtig viel Zeug hinzu, das Küchenmaterial, die Werkzeugkiste, die Banner und Lampen zum Beispiel.

Einen kleinen Tipp für Dich als Gruppenleiter habe ich in diesem Punkt noch: Gehe im Geist so ziemlich alle Situationen durch, die Du auf einer Fahrt erwarten kannst. Du kannst hierzu auch Erfahrungen aus früheren Fahrten hernehmen. Stell Dir vor, wie Du mit Deinen Leuten gemeinsam ein Zelt aufbaust, und notiere Dir jedes Stück Material oder Werkzeug, welches Du dabei brauchst. Später kannst Du alles streichen, was Du ohne große Probleme improvisieren kannst. Fertige Packlisten und Materiallisten gibt es im Internet zur Genüge, diese kannst Du als Grundlage benutzen. Gehe aber die Fahrt dennoch geistig wie beschrieben durch. Dies hat mehrere Vorteile. Zum einen stellst Du eine wirklich individuelle Packliste zusammen. Gerade bei Wanderfahrten geht es ums Gewicht. Zum anderen spielst Du im Kopf viele (auch schwierige) Situationen durch. Das hilft ungemein beim Meistern der Situation, wenn diese dann da ist.

>>< Leiter: „Der mit einem Bein im Knast steht"

Wie oft hört man diese Phrase: „Als Gruppenleiter steht man mit einem Bein im Knast". Ganz so stimmt das nicht, aber so ganz falsch ist das auch nicht. Jedoch die Aussage, man hätte sämtliche Pflichten, aber keine Rechte der Erziehungsberechtigten, stimmt auch nicht so ganz. Zum Thema „Rechtliches Wissen" ist auch zu erwähnen: Es ist wie mit Schwimmwesten auf dem Kanu: Man braucht sie eigentlich nicht, aber es ist dennoch gut sie zu haben. Ernsthafte Probleme hatte ich glücklicherweise noch nie. Dennoch, auch wenn auch unbeabsichtigt, es kann mal was passieren. Ich erspare es Dir jetzt einfach, den gesamten Gesetzestext hier reinzukopieren; einzelne informative Passagen möchte ich jedoch zitieren:

Auszug aus dem BGB: JSG §1, (4):

Erziehungsberechtigter im Sinne dieses Gesetzes ist, wer das Recht hat und die Pflicht hat, für die Person des Kindes oder des Jugendlichen zu sorgen.

In den Fällen der §§ 2 bis 4 stehen den erziehungsberechtigten Personen über einundzwanzig Jahren gleich, die mit Zustimmung des Sorgeberechtigten (Satz 1) das Kind oder den Jugendlichen zur Erziehung, Ausbildung, Aufsicht oder Betreuung in ihre Obhut genommen haben.

Und genau aus diesem Grund haben wir ja immer diese tollen „Eltern, unterschreibt, dass die Kinder mitdürfen"-Zettel. Diese sind nämlich gleichzeitig der Erziehungsauftrag für eine Fahrt, ein Lager oder eine Aktion. An sich reicht auch eine mündliche Zusage der Eltern. Du bist der Erziehungsbeauftragte. Aber gerade deswegen ist es immer wichtig, mit den Eltern abzuklären, was ihr macht, wohin ihr auf Fahrt geht und wie die Umstände sind. Du denkst Dir, das sei doch eh klar? Einfaches Beispiel: Einer Deiner Schützlinge fragt „Hej, Du fährt doch mit dem Auto zum Rockfestival. Kannst Du mich mitnehmen? Ich treff mich da mit meinen Kumpels und ich hab halt noch keine Mitfahrgelegenheit. Zurück komme ich aber schon, ein Freund nimmt mich mit." „Alles klar", denkst Du Dir, „Ok, der Jung ist zwar erst 15, aber ist ja seine Sache und bevor er alleine durch die Republik trampt, warum nicht."

Du holst ihn sogar daheim mit dem Auto ab, die Eltern begleiten ihn noch und verabschieden sich mit „Also, viel Spaß Euch auf dem Rockfestival!" Ihr fahrt hin, und Dein Schützling trifft sich mit seinen Kumpels. Du denkst Dir nix, hast selber Deinen Spaß mit Deinen Leuten, die Du dort triffst und fährst von diesem coolen Festival wieder heim.

Ein paar Tage später ruft (und schreit) Dich die entsetzte Mutter an, was Dir den einfiele! Der Junge hat sich nämlich so richtig die Kante gegeben, und ist von einem fremden Auto gesprungen, welches er zuvor als Trampolin genutzt hat, ist blöd gelandet und hat sich das Bein gebrochen. Der

Notarzt konnte sich auch nicht so recht entscheiden, ob er zuerst den Bruch oder die Alkoholvergiftung behandeln soll. „Mir hat mein Sohn erzählt, das sei eine offizielle Pfadifahrt! Ich würde ihn doch nie ohne Aufsicht auf so eine Veranstaltung lassen!"

So blöd dieses Missverständnis ist, so blöd sitzt Du jetzt da.

Aber wieder weg von den Horror-Szenarien, und zurück zu normalen Aktionen.

Das große Stichwort hier lautet **Aufsichtspflicht.**

Mit der Aufsichtspflicht ist das so eine ganz seltsame Sache. Wenn etwas passiert, und Du Deine Aufsichtspflicht NICHT verletzt hast, ist die große Frage: „Hättest Du es verhindern können oder nicht"? Der einfachste Fall ist, wenn Du etwas eindeutig verbietest und es geschieht hinter Deinem Rücken.

Ich bin kein Rechtsexperte, hierzu gibt es auch sehr gute Literatur und ich verweise auch auf die Internetseite http://www.aufsichtspflicht.de

Du wirst aber nicht immer alles verhindern können. Du kannst Deine Leute ja schließlich nicht einsperren. Nur so ein kleines Beispiel aus meiner Erfahrung (Es ist zum Glück auch nichts passiert): Wir waren in Zweierteams in der Stadt unterwegs, Treffpunkt war der Parkplatz. Auszug aus dem Fahrtentagebuch: *„[...]auf dem Rückweg verlaufen. Zum Glück* *kam Smartie etwas später, sonst hätte er einen Herzkasper gekriegt wenn er mitbekommen hätte wie Knut und Björn [Namen geändert] mit den Einkaufswägen Rennen veranstaltet haben.*" Muss ich wirklich ausführen, welche Bilder mir beim Lesen dessen durch den Kopf gingen? Oder was dabei hätte passieren können?

Deswegen mein wichtigster Tipp: Schaffe von vornherein ein gutes Vertrauensverhältnis zwischen Deinen Leuten und Dir, benutze Dein Gehirn und handle stets so, wie Du es für richtig hältst. Achte auf das Wohl Deiner Gruppe und denke auch an die Umwelt, in der ihr Euch befindet.

Wenn es irgendwelche Probleme gibt, redet mit den betroffenen Leuten. Mit Menschen kann man reden und oft hilft ein klärendes Wort vor Ort.

>>< Fahrtenplanung

Die Planung einer Fahrt liegt in der Verantwortung des Leiters. Das heißt nicht, dass Du nicht Aufgaben delegieren sollst, oder dass Deine Gruppenkinder nicht auch was machen, vorbereiten oder in Erfahrung bringen sollen. Es bedeutet nur, dass Du als Leiter dafür Sorge zu tragen hast, dass nicht nur die Fahrt selbst, sondern auch die Organisation dieser gut abläuft.

Fahrtengebiet

Wo soll es hingehen? Diese Frage steht als erstes in der Gruppenstunde im Raum. Jeder Ort ist prinzipiell möglich. Es gibt da aber drei Punkte zu bedenken:

1. Der Zeitraum

Wann und vor allem wie lang soll diese Fahrt sein? Für ein Wochenende wird man kaum 1000km durch Europa tingeln. Und für so ne kleine 2 Wochenfahrt halte ich persönlich Amerika auch für übertrieben. Die Jahreszeit sollte auch bedacht werden.

2. Finanzierung

Fahrten sind immer günstig! Aber auch da gibt es Grenzen. Gerade irgendwo hin zu kommen kann ein ziemlicher Kostenfaktor sein. Die Gruppe findet Island superklasse. Freut mich! Bin ich als Leiter sofort dabei! Aber können die Gruppenmitglieder sich das auch ALLE leisten? Vom Gruppenleiter ganz zu schweigen.

3. Sicherheit

„Wir bewandern den Iran" ist ein nettes Thema! Ich habe vor nicht allzu langer Zeit (2006) einen Fahrtenbericht über genau dieses Thema gelesen. Jedoch waren das alles erwachsene Leiter. Auch ein aktiver Vulkan ist sicherlich sehr interessant, würde man aber deswegen dort hin fahren, mit Kids? Wenn Du mit Jugendlichen unterwegs bist, bist Du für Ihre Sicherheit verantwortlich. Das Auswärtige Amt gibt immer Reisewarnungen heraus, welche Gebiete als besonders gefährlich gelten. Aber egal wo ihr hin wollt, informiere Dich immer über das Gebiet.

Wann und wie lange

Ab 3 Wochen unterwegs sein kann man wohl so langsam von einer Großfahrt reden. Mit Leuten, die noch nie auf etwas anderem als einer Wochenendfahrt dabei waren, würde ich erst mal mit einer zweiwöchigen Fahrt beginnen.

Terminlich muss das aber auch mit allen abgestimmt werden. Die Zeiten, in denen die Kinder die kompletten Sommerferien Zeit haben, sind vorbei. Versuche dies mit Deiner Gruppe gemeinsam möglichst frühzeitig zu klären.

Fahrtenprogramm

Die Planung der eigentlichen Fahrt gestaltet sich recht einfach, ein Programm ist absolut unnötig, dieses ergibt sich aus der Fahrt selber. Alles was man braucht ist eine Fahrtenroute. (Die in der Zeit auch gut zu schaffen ist.) Evtl. gibt es den einen oder anderen Ort, den man unbedingt besuchen will. Das kann man dann natürlich in die Planung einfließen lassen. Das aufwändigste an der Planung ist wohl das Organisieren des Transportes zum Fahrtengebiet. Im Übrigen heißt auf Fahrt sein nicht unbedingt nur Wandern. Auf Fahrt zu sein bedeutet schlicht unterwegs zu sein. Mit dem Fahrrad, Kanu, Boot oder sogar Kleinbus ist das auch möglich.

Finanzierungsplan

Die Ausgaben, und damit auch die Kosten der Fahrt, müssen so gering wie möglich gehalten werden. Das bedeutet z. B. dass man in Länder, in denen die Grundversorgung (also Lebensmittel) verhältnismäßig teuer ist (z. B. Skandinavien oder Großbritannien) fast alles Essen mitnimmt. Geht nicht? Man wandert doch? Und ob das geht! Aus eigener Erfahrung! Auch auf einer 3-Wochen-Wanderfahrt in Skandinavien hat das wunderbar geklappt. Man darf halt nicht die schweren Dosensachen mitnehmen. Jede Malzeit wird vorher ganz genau geplant. So ziemlich alles wird wasserfrei mitgenommen. Tomatenmark statt Tetrapack Tomatensauce. Endlich sind auch mal Tütengerichte sinnvoll! Alles wird vorher grammgenau abgewogen, in Tüten verpackt, beschriftet (Mahlzeit xy) und dann auf die Rucksäcke verteilt. Lediglich Frischware wie Fleisch oder Milch wird vor Ort nachgekauft. Alles andere hat man dabei. Das spart einem z.B. in England schon mal locker 5 EUR pro Person und Tag! Bei einer zweiwöchigen Fahrt sind das schon ganze 70 EUR pro Person!

Wie immer, so gibt es bei der Finanzplanung die Seite der Einnahmen und die der Ausgaben. Das teilt sich in je zwei Kategorien auf: Pro-Kopf" und „Fest"-Ausgaben (bzw. Einnahmen). Ich gebe hier einfach mal eine (vereinfachte) Beispielrechnung an:

Eine ähnliche Fahrt wurde tatsächlich unternommen, mit etwas anderen Zahlen, im Prinzip aber das selbe, und wir kamen gut hin mit dem Geld.

Fahrt: Wanderfahrt in England. (Anfahrt mit dem Kleinbus)

Teilnehmerzahl: n (Man will ja dynamisch bleiben ☺)

Fahrtendauer in Tagen: 15

Ausgaben

Fixausgaben

Leihgebühr für den Bus: 500 €

Spritkosten (insg. 2500 km): 260 €

Fährkosten: 200 €

Papier & Telefonkosten: 40 €

Gemeinschaftsmaterial: 50 €

Pro-Kopf-Ausgaben

Essen: 55 €

Auslandsversicherung: 7 €

Abschlussessen: 15 €

Eintritte: 10 €

Damit ergibt sich folgende Formel für die Ausgaben:

$$A = (500 + 250 + 200 + 50 + 50 + 55 \times n + 7 \times n + 15 \times n + 10 \times n) \, €$$

$$A = (1050 + 87n) \, €$$

Einnahmen

Fixeinnahmen

Gruppenkasse: 90 €

Geldaktion: 150 €

Pro-Kopf-Einnahmen

(maximaler) Zuschuss: 60 €

Teilnehmerbeitrag (minimal):   **T** (in €)

Damit ergibt sich folgende Formel für die Einnahmen:

$$E = (90 + 150 + 60 \times n + T \times n) \, €$$

$$E = (240 + 60 \times n + T \times n) \, €$$

Das, was der Politik leider oft nicht gelingt, soll uns aber auf Fahrt durchaus gelingen, nämlich Einnahmen und Ausgaben ins Gleichgewicht zu bringen (Ist es nicht schön, endlich mal die Schulmathematik anwenden zu können? ☺):

$$A = E$$

$$(1050 + 87n) = (240 + 60n + T \times n) \quad | -240 - 60n$$

$$810 + 27n = T \times n \quad\quad\quad\quad | :n$$

$$T = 27 + \frac{810}{n}$$

(Natürlich in €)

Dies ist der MINIMALE Teilnehmerbeitrag, da er vom MAXIMALEN Zuschuss ausgeht! Ich empfehle auf diesen noch 10 € bis 15 € aufzuschlagen, damit ein kleiner Puffer als Notgroschen bleibt.

Bei 8 Teilnehmern, davon 2 Leitern, wäre das ein minimaler Beitrag von 128,25 €, also würde ich in diesem Fall den Beitrag auf 140 € ansetzen.

ABER VORSICHT!!! Diese Rechnung geht davon aus, dass jeder Teilnehmer EINSCHLIESSLICH Leiter den selben Beitrag bezahlt. Wenn Du in Deinem Stamm einen niedrigeren Beitrag für Leiter hast, musst Du dies nachträglich berücksichtigen.

Beispiel: Leiter zahlen in Eurem Stamm grundsätzlich 50 €
weniger auf Fahrt und es fahren x Leiter mit. n ist weiterhin
die Anzahl aller Teilnehmer, inkl. Leiter.

Dann sieht die Zusatzrechnung folgendermaßen aus, wieder
mal dürfen wir ein lineares Gleichungssystem lösen (Hej, das
hattet ihr ALLE in der Schule, endlich mal ne Anwendung!):

T_L = Teilnehmerbeitrag Leiter

T_G = Teilnehmerbeitrag Gruppenkind

X_L = Anzahl Leiter

1. Gleichung: $T_L \times X_L + T_G \times (n - X_L) = T \times n$

2. Gleichung: $T_L = T_G + 50$ €

T_L aus der zweiten Gleichung in die Erste eingesetzt ergibt:

$(T_G + 50 €) \times X_L + T_G \times (n - X_L) = T \times n$

nach T_G aufgelöst:

$$T_G = T + \frac{X_L}{n} \times 50€$$

und T_L entsprechend einfach 50 € weniger. In unserem
Beispiel (8 Teilnehmer, davon 2 Leiter, ausgehend von 140 €
„für Alle") ergibt sich ein Beitrag von 152,50 € für

Gruppenkinder und 102,50 € für Leiter. (Gerundet also 150 € und 100 €. Da wir bereits zuvor das Puffer eingerechnet hatten, dürfen wir nun abrunden.)

Sonstig Wichtiges

Bei allen, aber besonders bei neuen Gruppenmitgliedern, gilt: Sprich bei Minderjährigen mit den Eltern! Veranstalte am besten einen Elternabend, in dem Du die Fahrt vorstellst. Sei offen für die Fragen der Eltern. Lasse Dir die Teilnahmezettel unbedingt von den Erziehungsberechtigten unterschreiben! Bringe in Erfahrung, ob, und wenn ja welche, Medikamente eingenommen werden müssen. Gerade bei Auslandsfahrten musst Du darauf achten, alle Teilnehmer zu versichern (Bei uns in der DPSG kannst Du das z. B. über die Stedo machen, die hat da so eine nette Erweiterung zur Grundversicherung bei Auslandsfahrten).

Gebe gleich zur Einladung einen Elternbrief und eine Packliste mit raus. Als Gruppenleiter müssen wir uns immer intensiver absichern. Traurig aber wahr.

Angehängt findest Du eine Ausschreibung mit Anmeldeabschnitt, Elternbrief und Packliste als Muster, wie ich sie immer rausgebe. Diese Einladung ist fiktiv und bezieht sich auf obiges Rechenbeispiel.

Englandfahrt 2007

Liebe Pfadis, hier ist sie, die Einladung zur Sommerfahrt 2007.

Was?   Eine Wanderfahrt in Südengland – Land und Kultur

Wann?   1. - 15. August 2007 (Abreise 1:00 Uhr, Rückkehr ca. 19 Uhr)

Wo?   Vom Pfadiheim aus mit dem Kleinbus nach England

Wer?   Die Pfadfinderstufe

Wieviel?   150 €

*Wir treffen uns am Mittwoch den 1. August um 1:00 Uhr am Pfadiheim. Es ist unbedingt erforderlich, dass Ihr Euren **gültigen** PERSONALAUSWEIS **oder** REISEPASS bzw, KINDERAUSWEIS dabei habt! Die Engländer sind da etwas rabiat und lassen Euch einfach nicht ins Land wenn Ihr kein gültiges Ausweisdokument habt!*

Wir freuen uns auf unsere gemeinsame Sommerfahrt in diesem Jahr.

Eure Leiter

....

Mein(e) Sohn/Tochter _____ darf an der Sommerfahrt der Pfadfinderstufe des DPSG-Stammes St. Lorenz vom 1. bis 15. August 2007 teilnehmen.

Mir ist bewusst, dass die Jugendlichen zusammen mit ihren Leitern in einem gemischtgeschlechtlichen Schlafzelt untergebracht sind. Diese Anmeldung ist verbindlich. Unsere Telefonnummer lautet: _____

Wichtige Anmerkungen (z.B. Medikamenteneinnahme): _____

_____   _____

Ort, Datum   *Unterschrift eines Erziehungsberechtigten*

Elternbrief

Liebe Eltern,

alle Jahre wieder fahren wir in die Welt hinaus! Auch dieses Jahr wollen wir der pfadfinderischen Fahrtentradition treu bleiben.

Diejenigen unter Ihnen, deren Kinder schon letztes Jahr mitfahren konnten, wissen dass dies ein unvergessliches und bereicherndes Erlebnis für die Jugendlichen darstellt.

Die Mitnahme von elektronischen Geräten, ausgenommen Taschenlampe, ist wie immer untersagt, da es sich um eine Pfadfinderaktion handelt. Musik kann man selber machen, und mit Handys muss auch niemand rumspielen.

Wichtig zu erwähnen ist, dass diese Fahrt alkohol- und nikotinfrei ist.

Eine Packliste ist beigefügt. Das sparsame Packen ist diesmal besonders wichtig, da wir in England nur zu Fuß unterwegs sind. Bitte achten Sie darauf, dass ALLES im Rucksack ist und nichts in der Hand getragen werden muss. Ein Wanderrucksack ist daher wieder mal eine Grundvoraussetzung. Unnötiges Gepäck ist eine zusätzliche Belastung. Eine Kleidergarnitur zum Wechseln reicht völlig aus. Wir werden so oft es geht unsere Sachen waschen. Im Rucksack muss auch noch ausreichend Platz für Gemeinschaftsmaterial bleiben, ca. 20 – 25% des Rucksackvolumens.

Bitte überweisen Sie bis zum 15. Juni 2007 zumindest eine Anzahlung von EUR 50. Den Restbetrag bitte spätestens bis zum 15. Juli 2007. (Natürlich können Sie auch gleich den Gesamtbetrag überweisen.)

Taschengeld können die Kinder in bar mitnehmen. Wir werden in England das Geld gemeinsam auf der Bank umtauschen, um uns die Einzelgebühren für den Geldwechsel zu sparen.

Sofern irgendwelche Fragen bei Ihnen offen geblieben sind, oder Sie persönlich mit mir sprechen wollen, können Sie mich gerne unter meiner Privatnummer anrufen.

Herzlich sind Sie auch zu unserem Elternabend am Donnerstag den 7. Juni 2007 um 19:00 Uhr im Pfadfinderheim eingeladen.

In der Hoffnung, dass Ihr Kind an der Fahrt teilnehmen wird und Herzlich Gut Pfad,

Smartie

- Stufenleiter & Stammesvorsitzender -

Fahrtenpackliste

Wenn Ihr auf Fahrt geht, so nehmt mit, *(die kursiv geschriebenen Dinge sind optional, aber brauchbar):*

• Schlafsack

• Isomatte oder Fell

• Kleidung (inkl. Kleidung zum Wechseln; möglichst keine Designerklamotten):

   o Kluft

   o *Juja* (wer hat)

   o lange Hose

   o kurze Hose

   o *Brotbeutel*

   o 2 x T-Shirt

   o Unterwäsche

   o warmer Pulli

   o *Kopfbedeckung*

   o Regenjacke oder Poncho (Wir fahren nach England… GUTER Poncho!)

• feste Schuhe (wirklich fest)

• Zahnbürste, Zahnpaste, Seife & Handtuch

• *Taschenlampe* (wenn, dann bitte nur eine Kleine)

• evtl. Medikamente

- 1 Geschirrtuch (am besten mit Namen versehen)

- Teller, Tasse, Besteck (unzerbrechlich)

- Rucksack

- Fahrtenmesser/Taschenmesser

- *Taschentücher*

- *fahrtentaugliche Musikinstrumente* (z.B. Gitarre)

- Liederbuch

- *Taschengeld*

Folgende Dinge haben auf einer Fahrt nichts zu suchen:

- elektronische Medien, schwere Bücher, Pokemon oder Vergleichbares in jeglicher Form.

- eingeschaltete Mobiltelefone

»〈 Das Leitungsteam

Die Internetenzyklopädie www.wikipedia.de erklärt den Begriff Team folgendermaßen: *„Der Anglizismus Team (v. altengl.: team Familie, Gespann, Nachkommenschaft) bezeichnet einen Zusammenschluss von mehreren Personen zur Lösung einer bestimmten Aufgabe bzw. zur Erreichung eines bestimmten Zieles"*. TEAM steht im Volksmund hingegen auch oft für „Toll, ein anderer macht's". Das soll im Leitungsteam nicht (zu oft) vorkommen. Das Team muss gut kommunizieren um gut arbeiten zu können. Das andere Extrem ist aber – leider ein weit verbreitetes Extrem – genauso schädlich: Alles gemeinsam planen, machen, erarbeiten zu wollen. Wir sind nicht die Borg, jeder von uns hat ein eigenes Gehirn und kann es auch selber benutzen. Soviel Vertrauen sollte schon da sein, dem anderen eine Aufgabe auch mal zu überlassen. Es gibt für mich wenige intensivere Misstrauensbeweise als den Drang, an allen Kleinigkeiten beteiligt sein zu wollen.

Natürlich soll man sich als Team zusammen und mit der Materie auseinander setzen. Aber dies ist dazu da, die Ziele gemeinsam zu definieren und die gemeinsame Vorgehensweise zu planen. Eine gemeinsame Ideensammlung (auch Brainstorming genannt) zu machen ist auch super. Das nenne ich eine wirklich gute Kommunikation. Aber teilt Euch Aufgaben doch bitte auch auf, die jeder für sich machen kann, ansonsten schafft Ihr die halbe Arbeit in doppelter Zeit. Ein „Schön dass wir uns hier zusammen gesetzt und auch gemeinsam daran gearbeitet haben" ist einen Dreck wert, wenn nichts dabei rauskommt. Ergebnisse und Zwischenergebnisse kann man ja immer noch mit seinem Leitungspartner abchecken und sich gegenseitig mit Ideen bereichern. Setzt Euch zusammen, klärt wer was tun kann, verteilt die Aufgaben untereinander, stellt Fragen und Rückfragen und klärt auch Unklarheiten. Wenn zwischen drin Fragen auftauchen, so nehmt den Hörer in die Hand und ruft den Betreffenden an, oder schreibt ihn per Email bzw. Messanger an, die moderne Kommunikation hat da eine reiche Form an Möglichkeiten mit anderen in Kontakt zu treten. Leitungstreffen werden sonst viel zu schnell wie mieser Schulunterricht; man wartet einfach nur bis es vorbei ist und man nach Hause kann. Das führt mich zum nächsten Punkt, als Team muss man ehrlich zueinander sein. Wenn Dir was nicht passt, sag es den anderen ruhig, offen und ehrlich. Alles andere führt nur zu Problemen. Du musst Dich ja nicht rechtfertigen, Du musst auf Dich selber achten. Ich hatte auch einmal als Gruppenleiter eine privat sehr harte Zeit. Die Gruppe habe ich weitergemacht, aber ich habe ganz klar meinem damaligen Vorstand kommuniziert, dass er auf Stammesebene und in Leiterrunden in naher Zukunft einfach auf mich verzichten muss. Wenn Du über private Probleme reden willst tue es, wenn der andere das aufnehmen kann und will. Wenn Du Deine Privatsachen lieber für Dich behalten willst, tue es. Aber überlege Dir ganz genau, was Du wann, wie und warum tun kannst oder nicht und gib das nach außen weiter. Ich rede nicht von so Kleinkram wie „heute geht es mir grad nicht so, also scheiß auf die Leiterrunde". Aber wenn Du ernsthaft innerlich für eine gewisse Zeit einfach nicht die Kraft für bestimmte Dinge hast, gib das nach außen bekannt, ob an Deinen Vorstand oder Deine Mitleiter. Denn sonst werden Mitleiter sehr schnell zu Mitleidern. Andere können auch nicht hellsehen. Woher soll Dein Mitleiter denn wissen, dass Du einfach nicht die Power hast, jetzt groß die Sommerfahrt zu planen, oder dass Du mit Freund oder Freundin endlich mal im Sommer verreisen willst, wenn Du es nicht sagst? Und bevor Du irgendwann supergestresst mit einem „Ich kann nicht mehr" alles hinschmeißt, gönn Dir doch Deine Auszeit! Zu Neudeutsch nennt man das auch „Burn out". Ich als Vorstand weiß lieber gleich was Sache ist, wie es jemandem geht, anstatt dann irgendwann vor einem Scherbenhaufen zu stehen. So kann ich den Leuten auch ehr unter die Arme greifen und stammespolitisch entsprechend eingreifen. Dir gilt ein großer gesellschaftlicher Dank, die meisten Menschen tun gar nichts ehrenamtlich, Du schon! Also sollst Du Dich auch wohl fühlen! Wir sind alle ein Team, gegenseitiger Respekt ist wichtig und die Dinge – bzw. die Konsequenzen - die andere betreffen, müssen kommuniziert werden.

Geh doch mal mit Deinem Team abends ganz locker weg. Du und Dein Team müsst nicht die dicksten Freunde sein, aber es ist natürlich schön, wenn Ihr es seid.

>>< Pfadfinderküche

Dass die Weltpfadfinderbewegung (also der Scoutismus) seinen Ursprung in England hat, bedeutet noch lange nicht, dass die Küche aller Pfadfinder aus England kommt. Dennoch scheint gerade die Klischeevorstellung der englischen Küche in vielen Küchenzelten ihren Einzug gefunden zu haben, frei nach einer Zeichnung aus dem Scouterwelsch (erschienen im Georgsverlag) „Ich habe Dir keinen schmutzigen Teller gegeben, das ist die Suppe!" Wenn man nicht gerade Lapskaus kocht oder das Lagerthema „Mitten im Knast" lautet, muss das Essen nicht unbedingt als unidentifizierbare Pampe serviert werden.

Auch wenn übertrieben dargestellt, es ist häufig so ähnlich. Wenn es in Deinem Stamm auch wild zugeht, denke Dir nichts dabei, es ist keine Schande. In vielen Haushalten sieht es nicht besser aus mit der Kochkunst. Oft habe ich den Eindruck, viele Menschen haben nach dem Baby- und Kleinkindalter einfach nur die Gläschenmarke von *Alete* auf *Uncle Ben's* geändert, that's it. Nichtsdestotrotz ist die Küche sauwichtig!

Die kulinarische Leistung kann sehr wohl ein starker Punkt der Moral sein. Als ich Wölfling war, gab es auf Stammeslagern einen Moralpusher kulinarischer Natur. Wenn es so richtig kalt und nass war, hat unser StaVo einen großen Bottich mit Milch auf die Flamme gesetzt, eine Packung Tropengold (Aldiversion von Kaba) sowie ein Glas

Nutoka (Aldiversion von Nutella) reingedonnert und richtig Stimmung gemacht. Das Zeug war pappsüß, saulecker, heiß, sehr schokoladig (Schokolade im Rachen bedeutet Endorphine ☺) und damit wärmend und somit insgesamt Moral steigernd. Nach meinem damaligen StaVo „Reichi" benannt ist der „Reichikaba" mein persönliches Aufputsch-Dopingmittel bei frierenden, missmutigen Kindern.

In diesem Kapitel soll nicht ein Kochbuch mit Rezepten in den schwarzen Schimmel einzubauen werden. Aber einige grundlegende Tipps sollen gegeben werden. Und dazu fällt mir folgendes als erstes ein, gilt beim Kochen allgemein, insbesondere aber beim Kochen von Fleisch und Eintöpfen: Das Essen ist schon tot, es ist nicht nötig das ganze auch noch im Hochofen der Pfadiküche töten zu wollen. Solange sich noch Flüssigkeit (also Wasser) im Essen befindet, kann es ohnehin nicht heißer werden als 100°C. Höhere Temperaturen bringen rein gar nichts beim garen (Also bekömmlich machen der Speisen, der Grund, warum Menschen irgendwann angefangen haben Speisen ins Feuer zu halten.). Das einzige was es bringt, ist das beschleunigte Verdampfen von Flüssigkeit (z. B. bei Eintöpfen, die dickflüssiger werden sollen) oder zum Erzeugen einer Kruste (z.B. beim Steak, welches eine solche benötigt).

Also, Du musst nicht das Feuer der Hölle auf Deinem „Herd" schüren. Nicht erst, wenn Dich die Rover fragen, ob sie sich beim Kochen nebenzu auf Deinem Feuer aus den alten

Eisenbahnschienen die sie hinter dem Hügel gefunden haben ein paar Schwerter schmieden dürfen, solltest Du Deine Nachlegetechnik beim Feuer überdenken.

In der Pfadfinderküche sollte man aber dringend zwischen zwei Küchen unterscheiden.

Die Lagerküche und die Fahrtenküche.

Die Lagerküche

Ein Lager ist im Normalfall (wir erinnern uns an das Kapitel bündisch/scoutistisch) ein zentral organisiertes Treffen. Somit gibt es zumeist ein Küchenzelt mit einem Kochteam (oder einem Koch mit wechselnden Helfern), welches das gesamte Lager mit Essen versorgen muss. Das Kochen ist auf einem solchen Lager ein Mittel zum Zweck. Es ist dazu da, um den Lagerteilnehmern Essen zu verschaffen. Ein Kochteam ist auch in so einem Fall mehr als sinnvoll. Ein festes Programm macht ein Lager ja schließlich aus. Die Leiter sind ohnehin damit beschäftigt die Geländespiele für und mit den Kindern zu gestalten. Du wirst Dich sehr freuen, ein fähiges Küchenteam zu haben, welches sich ausschließlich um die Küche kümmert. Dieses Küchenteam benötigt also eine gewisse Grundausstattung um alle (20, 30 oder auch 100 Leute) zu versorgen. Hier eine kleine Liste dessen:

Töpfe und Schüsseln (bitte entsprechend der Gruppengröße), Messbecher (ganz wichtig!) Müllsäcke (viele Müllsäcke!) Spülzeug und Geschirrtücher sowie Schwämme, Kochstelle (kann ein Gaskocher mit VOLLER Gasflasche sein, oder ein selbstgebauter Lehmherd mit ausreichend Feuerholz) und das übliche Geraffel (Kellen, Kochlöffel, Schneidemesser etc. pp.). Das Platzproblem ist zu vernachlässigen. Auch was den Einkauf angeht, so kann das Kochteam dies wunderbar (oft sogar mit Auto) zentral erledigen. Wenn man eine große Meute zu versorgen hat, ist das auch sinnvoll. Das Kochteam muss nicht einfach nur kochen, es hat schließlich dafür zu sorgen, dass ausreichend Essen da ist und jeder sein Essen bekommt, die Küche mehr oder minder sauber bleibt, der Spüldienst eingeteilt wird und seinen Job macht, alles für den nächsten Tag oder auch die nächste Mahlzeit hergerichtet wird, alles Material in Stand gehalten wird, ein- bzw. nachgekauft wird, Sonderbedingungen (z. B. Allergiker, Vegetarier o.ä.) berücksichtigt werden etc.

Ganz anders ist da die Fahrtenküche.

Die Fahrtenküche

Wer das Kapitel Fahrtenplanung gelesen hat, wird sich erinnern, dass Gewicht und Platz ein Problem darstellen können. Wer also jetzt auf die Idee kommt „Fahrtenküche ist doch das selbe wie Lagerküche", der darf auf der nächsten

Fahrt den Küchengeraffel samt Gaskocher und Gasflasche in seinem Rucksack mitschleppen.

Die Fahrt findet (zumeist) mit der Kleingruppe statt. Warum sollte also die Kleingruppe, das ganze Kochzubehör mitschleppen? Oder warum sollte sogar ein Kochteam mit fünf oder sechs Leuten mitreisen, nur um sie zu bekochen?

Wir sind schließlich Pfadfinder und nicht irgendwelche Spitzensportler, die ihr ganzes Team dabei haben müssen.

Die Fahrtenküche achtet auf andere Dinge. In der Fahrtenküche ist ein Hordentopf vorhanden und ein Kochlöffel aus Holz, das war's an sich schon. Die eine oder andere Gruppe hat vielleicht noch eine kleine Pfanne mit, wenn man in seinem Fahrtengebiet nicht jeden Abend mit einem Feuer rechnen kann evtl. noch einen kleinen Spirituskocher, aber im Prinzip war's das auch. Kaffee oder Tee werden eben erst gekocht, wenn der Topf wieder sauber ist (Oder halt gleich sauber gemacht wurde, je nachdem, ob die Abspülfaulheit oder der Wunsch nach Tee größer ist – bzw. der Ekel vor schwimmenden Essensresten im Tee oder Kaffee.) und statt einem Schöpfer opfert halt einer seine Tasse.

Übrigens ein kleiner Tipp aus der Praxis: Lege den Holzkochlöffel nie, wirklich niemals, auf den Stapel mit dem Feuerholz! Glaube mir, das ist wirklich wichtig, Du kannst Dir selbst denken, warum das so wichtig ist.

Bedenke auch, dass Du nicht aufs Geradewohl einkaufen gehen kannst.

Es gibt Fahrten, da ist das recht einfach. Man kommt alle ein zwei Tage an einem Supermarkt vorbei. Aber was ist, wenn das nicht möglich ist, oder man an einer Mahlzeit seine gesamte Fahrtenkasse aufbrauchen würde (z.B. eine Norwegenfahrt, weißt Du, was Essen dort kostet?).

In diesem Fall kann man das Essen für ein bis zwei Wochen mitnehmen. Und das funktioniert. Man muss nur etwas vernünftiger die Mahlzeiten vorbereiten. In so einen Fall plant man zuerst jede einzelne Mahlzeit im voraus. Dann wird entsprechend eingekauft. Und hier machen sich endlich die Tütengerichte mal bezahlt, denn Wasser wiegt viel, verbraucht viel Platz und ist genau das, was man unterwegs überall bekommt (Ja, ich ignoriere jetzt mal die Saharafahrt der wüsten Rover). Also, keine Tomatensauce für die Spagetti, Tomatenmark oder Tütensauce ist ok. Keine Dosen! Dosen wiegen selbst viel und sie enthalten immer sehr viel Wasser. Bohnen gibt es auch als Trockenbohnen (Übrigens, wenn Du ein Rezept hast, in dem es um Bohnendosen geht, beachte bitte, dass Du statt 400g Dosenbohnen nur 150g Trockenbohnen braucht).

Die Zutaten werden grammgenau abgewogen und abgepackt. Die Zutaten für jede Mahlzeit werden dann zusammen in eine größere Tüte verpackt und auf die Fahrtenteilnehmer verteilt. Das funktioniert dann auch wunderbar! Hier ein Zitat aus einem Fahrtentagebuch:

Smartie steht dran mit drei Bananenkisten voll Essen und Material und verkündet: "Das alles muss in Eure Rucksäcke!" Die Götter alleine wissen, welcher Platz-Schaffzauber auf uns lag, aber irgendwie ist es uns gelungen!

Nicht vergessen, die Fahrtengruppe kocht gemeinsam (Auch wenn nur wenige gerade aktiv mitkochen, es ist eine Gemeinschaftsangelegenheit). Das Kochen auf Fahrt ist nicht bloße Nahrungsbesorgung, es ist ein soziales Ereignis. Jeder hat seine Teilaufgabe und doch ist alles ein gemeinsames Tun. Es gibt keine reinen Zweckarbeiten auf Fahrt.

Um nicht zu sagen *„Ist die Horte schon im kommen eilt daher auf steilem Pfad. Wird ihr wohl ein Essen frommen nach dem langen vollen Tag"* (Refrain zu *„Du machst Kleinholz"*)

Übrigens, ein richtig geniales Pfadfinderkochbuch:

„Der kleine Komolze" von „Momo und Pato"

http://www.komolze.de

》《 Das Versprechen

Das Versprechen ist mehr als ein formales Aufnahmeritual. Das Pfadfinderversprechen ist der offizielle Beginn des Pfadfinderdaseins.

Eines habe ich sehr deutlich festgestellt: Das Versprechen ist nicht nur von Pfadfinderverband und Bund zum anderen unterschiedlich, sondern – gerade in der DPSG – auch oft von Stamm zu Stamm, ja manchmal sogar von Gruppe zu Gruppe!

Aber eines haben sie alle gemeinsam: Sie legen alle ihr Versprechen ab.

Im Endeffekt bleibt es Dir allein überlassen, wie Du diese Feierlichkeit sowohl inhaltlich als auch in ihrem Rahmen gestaltest. Und ich möchte auch jeden ermutigen, ein eigenes Ritual hierfür zu entwickeln. Das Versprechen abzulegen macht einen zum weltweiten Bruder oder Schwester aller Pfadfinder. Die Versprechensfeier macht einen zu einem Teil genau dieser Gruppe, genau dieses Stammes!

Ich möchte hier ein paar Anregungen anhand meines eigenen Beispiels geben.

Die Umstände

Bei uns ist es üblich, dass ein Neuer zuerst etwa ein halbes bis ganzes Jahr dabei ist, bevor er aufgenommen wird. Irgendwann kommt der Kornett zu mir und meint „Wir wollen Lisa aufnehmen!" Es gibt aber auch den Fall, das die ganze Gruppe zusammen angefangen hat. In dem Fall stelle ich als Leiter fest „Ok, die Gruppe ist eine Gruppe geworden und sie sind auch alle soweit." Soll ein Einzelner neu aufgenommen werden oder gleich die ganze Gruppe? Für mich ändert sich deswegen in der Versprechensfeier nur eine „Kleinigkeit": Wenn ein Einzelner (oder wenige) aufgenommen wird, wird er zuerst von mir als Leiter mit ein paar Worten in der Gruppe willkommen geheißen und danach vom Kornett. Bei der ganzen Gruppe lediglich von mir, mit anschließenden Worten an die ganze Gruppe.

Aber vielleicht möchtest Du ja stärker unterscheiden. Mache Dir aber immer vorher Gedanken. Wer soll unter welchen Umständen aufgenommen werden?

Der Rahmen

Wo soll die Aufnahmenfeier denn stattfinden? Wir versuchen Aufnahmen möglichst auf einer Fahrt an einem Abend mit einzubinden. Wir suchen uns einen schönen Ort etwas abseits der Zivilisation (also nicht gerade auf dem Münchner Hauptbahnhof). Markante Punkte, welche eine gewisse Romantik ausstrahlen sind am besten geeignet. Ein Felsvorsprung, eine alte Ruine, auf einer Bergspitze, vor einer Höhle oder etwas ähnliches. Entweder ein Lagerfeuer oder mehrere Fackeln sollten im Spiel sein. Die Fahne weht (oder hängt, je nach Windverhältnissen). Alle Beteiligten natürlich in Kluft (Vorausgesetzt sie haben eine Kluft.) und wer bereits eines hat, mit Halstuch. Wir stehen alle im Kreis. Rechts von mir mein Co-Leiter, links von mir der Kornett. Links vom Kornett und rechts von meinem Co-Leiter steht jeweils ein Fackelträger. Der (noch) Anwärter reicht mir die linke Hand und hebt die Rechte zum Pfadfindergruß. Deutlich und für alle Anwesenden hörbar legt der Anwärter sein Versprechen ab. Ich richte einige Worte an den Anwärter, dann lasse ich seine Hand los und nehme in Wort („Hiermit nehmen wir Dich auf in ....") und Tat (Halstuch umlegend und Abzeichen übereichend) ihn in die Weltpfadfinderbruder- und Schwesternschaft auf. Mein Co-Leiter gratuliert ihm und schüttelt ihm die linke Hand. Ebenso der Kornett im Namen der Gruppe. Der Trunk zur Besiegelung wird in einem Horn oder Kelch gereicht

(Zumeist ist es Tschai). Zuerst trinkt der neu Aufgenommene, dann ich als Leiter, mein Co-Leiter dann der Kornett. Schließlich geht der Kelch durch die Runde und jeder trinkt daraus bis alle getrunken haben. Den letzten Schluck trinkt wieder der neu Aufgenommene, damit ist der Kreis geschlossen. Der Anwärter erhält seine Aufnahmeurkunde.

Der Versprechenstext

Der Text des Versprechens variiert ebenfalls sehr stark. Man kann natürlich einen traditionellen Versprechenstext aufsagen. In vielen Gruppen oder Bünden ist dieser sogar fest vorgeschrieben. Wir haben das immer etwas anders gehandhabt. Bei uns muss jeder sein Versprechen selbst formulieren. Die einzige Vorgabe ist, dieser muss dem Rahmen der drei Punkte entsprechen. Diese waren (bei uns so interpretiert) immer ein Versprechen:

- gegenüber sich selbst

- gegenüber seiner Umwelt (Menschen, Gruppe, Natur, ...)

- gegenüber dem, woran mal glaubt (z.B. Gott).

Als Anmerkung zum dritten Punkt:

Wir als DPSG sind ein katholischer Verband. Aber wir sind offen und tolerant sowie respektvoll allen Menschen gegenüber. Mir geht es nicht darum, was ein Mensch anbetet, oder ob er etwas anbetet. Mir geht es um den Menschen selber. Ich habe schon deutlich christlichere Atheisten getroffen als manch einen sich gläubig bezeichnenden Christen. Ob es ein Gott, mehrere Götter oder z. B. einfach nur „das Gute im Menschen" ist, woran jemand glaubt, so ist das gut für die Versprechensfeier. Wenn ich den christlichen Glauben vermitteln will, so werde ich diesen sicher nicht vorschreiben sondern vorleben.

>>< Das Pfadfindergesetz

Ob man es beim Versprechen nun sagt oder nicht, man verspricht damit gleichzeitig sich an das Pfadfindergesetz zu halten. Das Pfadfindergesetz wurde von B. P. selbst eingeführt. Er musste zwar nicht mit zwei Steintafeln von einem Berg mit brennendem Dornbusch kommen, aber dennoch erinnert das Pfadfindergesetz mit seinen 10 Punkten sehr an die 10 Gebote.

Ich möchte diesen Vergleich beibehalten, um das Pfadfindergesetz ein wenig näher zu erklären so wie ich es verstehe, denn ich denke, hierin liegt viel Gemeinsamkeit.

Zuallererst werde ich bezüglich der 10 Gebote aus der Bibel etwas blasphemisch: Die Übersetzung „Du sollst" oder „Du sollst nicht" ist aus meiner Sicht etwas ungeschickt. Ich beziehe mich in dieser Ausführung auf ein Gespräch mit einem lieben Freund, Prof. Dr. Dieter Dieterich welcher sich damit etwas intensiver auseinandergesetzt hat.

Ich will nicht das ganze, lange Gespräch hier rekonstruieren, aber durchaus das, was aus diesem hervorging: Man kann es allein aufgrund der grammatikalischen Zusammensetzung des alten Textes schwer mit „sollen" übersetzen. Viel eher mit einem „Dies und das passiert nicht". Ich finde diese Interpretation auch viel christlicher um ehrlich zu sein. Was heißt das denn? Das heißt „Wenn Du Gott nahe stehst, dann passiert dies und jenes einfach nicht. Wenn Du Gott nahe steht, dann wirst Du einfach nicht in der Lage sein bzw. nicht in die Situation kommen jemanden zu töten, zu bestehlen etc. pp." Es sind also keine Gesetze, an die man sich als von oben aufgedrückte Regeln zu halten hat, sondern eher eine Checkliste, um festzustellen ob man Gott nahe ist.

Ähnlich sehe ich es mit dem Pfadfindergesetz. Es ist weniger ein Regelwerk als viel mehr eine Checkliste der Pfadfinderei. Ich halte dies für einen bedeutenden Unterschied, welchen ich jedem zu besehen empfehlen möchte. Und noch etwas hierzu: Der Mensch hat erst vor ungefähr 6000 Jahren angefangen Sprache in Schrift zu setzen. Der menschliche Geist und das menschliche Herz sind viel älter. Es geht also nicht um Buchstabentreue, es geht um Herzenstreue, das ist meine feste Überzeugung!

Ich beziehe mich hier auch auf das Pfadfindergesetz meines eigenen Verbandes. Nach dem 2. Weltkrieg, als sich auch die DPSG neu formen musste, wurden die Pfadfindergesetze neu formuliert.

Pfadfindergesetz, Fassung von 1949

Auf die Ehre eines Pfadfinders kann man unerschütterlich bauen.

Der Pfadfinder ist treu Gott, der Kirche und dem Vaterland.

Der Pfadfinder ist hilfsbereit.

Der Pfadfinder ist Freund aller Menschen und Bruder aller Pfadfinder.

Der Pfadfinder ist höflich und ritterlich.

Der Pfadfinder schützt Pflanzen und Tiere.

Der Pfadfinder gehorcht aus freiem Willen und macht nichts halb.

Der Pfadfinder ist stets guter Laune, auch in Schwierigkeiten.

Der Pfadfinder ist sparsam und einfach.

Der Pfadfinder ist rein in Gedanken, Worten und Werken.

Die 4 Leitlinien

1971 wurden viele Dinge verändert. Es war einfach entsprechend der damaligen Strömung, gerade in der Pädagogik. Mit konkreten Aussagen musste man natürlich aufräumen, man könnte es ja schließlich als autoritär interpretieren. Versteht mich nicht falsch, auch wenn diese Zeit und ihre Ideale wichtig waren, aber es war aus meiner

Sicht einfach der Schritt von einem Extrem (autoritäre Erziehung) ins andere (antiautoritäre Erziehung) und das sehe ich immer sehr skeptisch. Zudem war gerade die Pfadfinderei bereits damals auf dem Mittelweg des „Selbstbestimmten Learning by doing", wenn auch natürlich vom Zeitgeist beeinflusst. Demnach war die damalige Veränderung in der DPSG in diesem Aspekt (Vieles hat sich ja auch zum Guten verändert!) aus meiner ganz persönlichen Sicht ein schwerer Rückschritt. Das Pfadfindergesetz wurde 1971 durch die vier Leitlinien ersetzt. Ich halte diese Leitlinien heute noch für vernünftig und gut, aber nicht als Ersatz für das Pfadfindergesetz.

Diese Leitlinien lauten:

Leben in Hoffnung

Leben in Freiheit

Leben in Wahrheit

Leben in tätiger Solidarität

Pfadfindergesetz, Fassung aus dem Jahr 2005

Nach dem Prozess update und dem Leiterkongress up2date (an welchem ich selbst aktiv teilgenommen habe und diesen sehr positiv, aber dennoch sehr kritisch betrachte) wurde schließlich ein neues Pfadfindergesetz verabschiedet und trat 2005 in Kraft. Dieses lautet:

Als Pfadfinderin .../Als Pfadfinder ...

... begegne ich allen Menschen mit Respekt und habe alle Pfadfinder und Pfadfinderinnen als Geschwister.

... gehe ich zuversichtlich und mit wachen Augen durch die Welt.

... bin ich höflich und helfe da, wo es notwendig ist.

... mache ich nichts halb und gebe auch in Schwierigkeiten nicht auf.

... entwickle ich eine eigene Meinung und stehe für diese ein.

... sage ich, was ich denke, und tue, was ich sage.

... lebe ich einfach und umweltbewusst.

... stehe ich zu meiner Herkunft und zu meinem Glauben.

〉〉〈 Die Wölflinge

Spiel und Gruppenbildung

Die Wölflinge – und das muss allen Leitern klar sein – sind (noch) keine Pfadfinder! Natürlich sollen sie Pfadfinder werden, aber sie sind es noch nicht. Das Spiel steht im Mittelpunkt dieser Stufe. Das Spiel darf aber nicht Selbstzweck werden. Und schon gar nicht zur Programmlosigkeit führen. Es darf nicht dazu kommen, dass irgendwann die Wölflinge fragen „Müssen wir heute schon wieder machen, was wir wollen?". Deswegen ist ein Programm einzuhalten sowie auf die Ziele der Gruppe und Stufe hinzuarbeiten zwingend nötig, ansonsten werden die Wölflinge abspringen. Zuerst die vielversprechenden Kinder, welche einmal richtig gute Pfadfinder ausmachen könnten und dann die anderen. Dies ist keine Schwarzmalerei, dies ist traurige Erfahrung.

Das oberste Ziel der Wölflinge ist es, eine Gruppe zu bilden – die Meute! Diese Meute, ihr Zusammenhalt, ihre Freude und Bereitschaft Neues zu entdecken, sind eine wunderbare Grundlage der späteren Pfadfinderarbeit. Damit legen Wölflingsleiter einen wertvollen Grundstein für die Pfadfinderarbeit in den höheren Stufen.

Um dieses Ziel zu erreichen, sind aus meiner Erfahrung folgende Punkte sehr erfolgreich. Wenn du diese befolgst, wirst Du als Leiter eine wirklich gute Wölflingsmeute aufbauen.

I. Äußerer Rahmen

„Kinder wollen Grenzen" heißt es immer. Ja, aber Grenzen bestehen nicht aus einem schlichten „Tu dies nicht, tu das nicht, das darfst Du, dies sollst Du" sondern auch aus dem sozialen Rahmen. Rituale sind etwas sehr Wichtiges. Jeder, der eine Aufnahmefeier miterlebt hat, jeder, der ein Fest als Feier eines Projektes mitgemacht hat, jeder, der je mit freudigem Herzen der Eucharistie beigewohnt hat, weiß um die Magie der Rituale.

Deswegen soll...

... jede Gruppenstunde mit einer Runde beginnen und enden. Meine Empfehlung hierzu ist, dass sich zu Beginn jeder Gruppenstunde die Wölflinge mit ihren Leitern im Kreis aufstellen sich an den Händen nehmen und begrüßen bzw. verabschieden. Verstärkt wird dies noch durch das gemeinsame Singen eines Liedes. Dadurch lernen sie auch schon mal Lieder kennen.

... die Meute einen gruppeninternen „Notschalter" entwickeln. So wie ich es als Wölfling selbst kennen gelernt habe: Wenn es mal wieder richtig drunter und drüber geht, schreit (wirklich schreit, kurz, klar und laut) der Leiter „Wölfling Wölfling!" Worauf die Wölflinge so laut sie können mit „eins-zwei-drei" antworten und daraufhin still sind. Dies lässt sich einfach einüben und funktioniert dann super. Ich halte dies für deutlich erfolgreicher, spaßiger und kindergerechter als ein „Ja, also... könnt ihr dann bitte wieder...."

Dies sind nur einige Grundaspekte. Ich empfehle jedem Wöleiter, eigene Rituale in seiner Meute einzuführen. Diese eigenen Rituale sind etwas, was nur dieser Meute, nur diesen Kindern gehört. Das ist etwas sehr Wertvolles. Das können absolute Kleinigkeiten wie ein Essensspruch, ein Trinkspruch (Trinkspruch, NICHT Saufspruch!) oder Begrüßungswort sein.

II. Probenordnung

Es ist in unserem Verband nicht mehr üblich, Proben in der Pfadfinderarbeit durchzuführen. Lange habe ich dies für richtig erachtet und versucht es als Vorteil zu sehen. Die Realität hat mich – nachdem ich meine Augen für die Probenarbeit öffnete, wie sie in anderen Verbände praktiziert wird – etwas anderes gelehrt.

Lange habe ich gesucht und erfolgreich versucht, mich inspirieren zu lassen. Von alten wie neuen Pfadfinderschriften bis hin zu (alten) Probenordnungen auch anderer Verbände habe ich vieles durchforstet und versucht mich inspirieren zu lassen. Ursprünglich wollte ich hierzu etwas eigenes erstellen. Aber dann stolperte ich über das „Spurbuch" des DPBM. Und genau dieses Wölflingsheft habe ich dann bei uns eingeführt, was die beste Lösung war. Ich kann dieses Wölflingsheft jedem ans Herz legen. Hierin findet sich auch die – von meinem Stamm übernommene – Abstufung in „Jungwolf" (7 von 30 Proben), „Sternwolf" (18 von 30 Proben) und „Stammwolf" (alle 30 Proben). Zusätzlich wurde bei uns eingeführt, dass sobald drei Kinder Stammwolf sind, aus diesen dreien ein „Leitwolf" gewählt werden kann. Manch einer mag sich fragen: „Wozu das Ganze?" Diese Frage ist – zumal man ja auch ohne so etwas zurecht kam – sehr berechtigt. Hierzu gibt es zwei Antworten:

1. Die Kinder bekommen Meilensteine vorgegeben, auf die sie hinarbeiten können. Die 30 Proben sind absolut kindergerecht und für jeden zu erreichen. Kinder wünschen sich solche Meilensteine.

2. Der Leiter erhält damit eine Hilfe zur Programmgestaltung der Wölflingsstufe. Dieses Heft hilft als thematischer Leitfaden dabei, die Gruppenstunden neben Spielen auch mit anderen Themen zu füllen.

III. Spiel

Das Spielen ist absolut zentral für die Wölflinge. Es gibt mehrere gute Spielesammlungen. Spielt regelmäßig ein bekanntes Spiel, am besten eines, welches im ganzen Stamm gespielt wird (bei uns z.B. British Bulldog) aber dazu auch immer wieder neue Spiele.

Mit dem gemeinsamen Spielen stärkst Du als Leiter den Zusammenhalt der Gruppe und so entwickelt sich eine echte Meute!

IV. Gruppenprojekte

Wechsle die Projekte immer wieder ab, von etwas gemeinsam in mehreren Gruppenstunden basteln bis hin zur Gestaltung des gemeinsamen Wimpels. Führe mehrere Projekte im Laufe des Jahres durch, welche über mehrere Gruppenstunden gehen.

V. Lager und Hütten

Gehe mit den Wölflinge nicht nur auf Stammesaktionen, sondern auch mal auf eine Hütte oder ein Wochenendlager nur für die Meute. Großlager mit vielen anderen Wölflingen sind auch immer etwas Tolles!

>>< Die Rover

Die Rover sind etwas ganz besonderes als Stufe in der Pfadfinderei. „Ein Rover ist ein in Alkohol eingelegter Wölfling" mag eine in meinem Verband weit verbreitete Definition sein, dennoch halte ich sie nicht für passend oder gar erstrebenswert.

Die Rover sollen ihre eigene Freiheit haben, den ganz besonderen Status der Selbstverantwortung. Dies bedeutet verantwortlich für sich selbst aber sonst für niemanden zu sein. Dazu gehört nach meinem Verständnis durchaus auch das über die Strenge schlagen. Und das dies auch mal im Alkohol geschieht, sehe ich nicht als schlimm an. Ich sehe es aber absolut als schlimm an, wenn es eine Gewohnheit wird oder nicht mehr wegzudenken ist.

Ein Roverleiter ist eine Art Begleiter mit Vetorecht. Das Vetorecht auch nur, weil er den Kopf hinhalten muss für das, was die Gruppe tut. Das macht den Roverleiter ja auch aus, er hat zwar mit den größten Spaß, da er mit jungen Menschen einfach mal zusammen unterwegs ist und nicht alles selbst organisieren muss. Dafür hält er den Kopf hin für die Entscheidungen seiner Gruppe.

Du musst als Roverleiter Deinen Rovern die Möglichkeit lassen, ihre eigenen Fehler zu begehen. Aber zeige Ihnen auch Wege und Möglichkeiten auf. Gerade mit Rovern sollst Du auf Fahrt gehen! Gerade Rover sollen alles genießen und erleben! Sie sind alt genug dafür! Und sie sind jung genug unbeschwert Fehler machen zu dürfen.

Sorge dafür, dass sie aus ihren Fehlern lernen und achte darauf, dass ihre Fehler sich nicht auf ihr ganzes späteres Leben auswirken. Das klingt schlimmer als es ist. Aber erinnere Dich an Deine eigene Roverzeit (oder bei Quereinsteigern Spätteenagerzeit)! Was hast Du alles getan? Was davon würdest Du heute nicht mehr tun?

Versteh mich bitte richtig, ich erwarte von Rovern den entsprechenden Respekt gegenüber Mitmenschen, deren Besitz und Privatsphäre!

Aber Rover dürfen und sollen ein wilderer Haufen sein! Sie sind in dem Alter, in dem sie sehr viel entdecken und kennen lernen bzw. intensiver erleben.

Lasse Deine Rover selber ihre Projekte planen. Ich empfehle Dir sogar, nur durch anregende Frage mitzuwirken. Es ist ihr

Weg, den sie als Gruppe gehen. Habe Vertrauen zu ihnen; es wird belohnt werden.

Ich lerne von meinen Rovern sehr viel. Sie zeigen mir die Welt mir ihren Augen. Sie erklären mir, was sie bewegt. Und so oft ich sie zum Nachdenken anrege so oft regen sie auch mich zum Nach- und Überdenken an.

Als Roverleiter bin ich kein Anführer, kein Oberlehrer und schon gar kein Vorgesetzter. Ich bin einfach ein älterer Freund. Fast schon ein großer Bruder.

Wenn Du Rover leitest, sei auch Du ihr Freund. Ich treffe meine Rover auch mal freitags in der Kneipe, ich sehe sie auf einem Konzert oder Festival. Ich frage sie nach ihrer Meinung zu einigen meiner eigenen Projekte und sie fragen mich nach meiner Meinung zu ihren Problemen. Wir sind gerade mal eine halbe Generation auseinander und bereits jetzt merke ich, wie viel sich ändert. Ich finde das gut! Und ich halte es für überaus wichtig, sich gegenseitig so zu bereichern. Glaube mir, Du wirst als Roverleiter sehr viel positives erleben, es ist für Euch alle eine Bereicherung!

Aus einigen Deiner Rover werden irgendwann einmal die Leiter Deines Stammes.

>>< Pfadfinder, Jungpfadfinder & Übertritte

Diese beiden Stufen haben zwar markante Unterschiede, jedoch haben sie auch viele Gemeinsamkeiten, weswegen ich mich entschieden habe diese in ein Kapitel zu fassen.

Der Stufenübertritt

Der markanteste Unterschied liegt in der hormonellen Zusammensetzung des Gruppenkindes. Es ist ja nicht nur das Alter, welches einen als Leiter veranlasst, einen Grüppling hochzustufen, es ist auch die geistige Reife. Im Fall des Übertritts von den Wölflingen zu den Jungpfadfinder bedeutet dies ganz konkret, wenn der Leiter feststellt, der (oder die) Kleine anfängt nervig zu werden und die Frühpubertät raushängen zu lassen, ist es Zeit ihn oder sie von den Wölflingen zu den Jungpfadfindern zu schicken damit die anderen Wölflinge nicht ganz versaut werden. In der Jungpfadfinderstufe frisch aufgenommen stellt der Neuankömmling für die alteingesessenen Jupfis „Frischfleisch" dar. Innerhalb von wenigen Wochen kommt, dank des Herdentriebes, die Frühpubertät zu Ihrer vollen Blüte und der Neuankömmling ist genauso pseudowild wie die anderen Jupfis auch. Jedesmal hofft der Jupfileiter, der Neue brächte ein bisschen „Unschuld und Ruhe" in die Gruppe und wird jedes Mal enttäuscht. Na ja, nicht wirklich ent-täuscht, er hat sich nie darüber ge-täuscht dass dies passieren würde, aber die Hoffnung stirbt zuletzt.

Man muss dazu sagen, diese markanten Punkte die den „Reifegrad zum Übertritt" anzeigen sind an den Jungen deutlich einfacher zu erkennen als an den Mädchen. Wann schickt man Mädchen hoch? Natürlich werden die auch frühpubertär, aber anders und nicht so offensichtlich. Sollte etwa die Fähigkeit, ohne Aufforderung seine Sachen abzuwaschen, das einzige Anzeichen für die geistige Reife der Mädchen sein um sie zu Jupfis hochzustufen? (Übrigens bei Jungs bestenfalls ein Anzeichen beim Übertritt von Jupfis zu Pfadis, um nicht zu sagen erst im Roveralter). Und das Ende der Frühpubertät bei den Jungs? Es wäre sicher interessant, die Jungs der Jupfistufe in einer Reihe aufzustellen, das Wort „Titten" sagen und wer nicht in frühpubertäres Lachen ausbricht – welches man am Klangbild einer sterbenden Hyäne erkennt - wird Pfadi.

Nun, es ist leider nicht ganz so einfach. Das Alter ist auf jeden Fall eine Entscheidungsorientierung. Aber im Endeffekt bleibt es im Gefühl des Leiters wen er wann in die nächste Stufe schickt.

Auch muss man darauf achten, ob man Kinder einzeln hochschickt oder wartet bis man einen ganzen Pulk oder sogar die ganze Gruppe hochstufen kann. Ich persönlich bin absolut kein Freund des Auseinanderreißens fester Gruppen. Gruppen entwickeln sich und jemanden aus seiner Gruppe herauszureißen und in eine andere zu stecken halte ich pädagogisch und sozial für fragwürdig.

Stufenpädagogik

An sich kann ich zu Pfadis und Jupfis auf das Kapitel „Die Pfadfindergruppe" verweisen, es ist jedoch eine Frage der Intensität. Während man mit Pfadis ohne weiteres gleich auf 2 bis 3wöchige Sommerfahrt geht, fängt man bei Jupfis doch lieber erst mal mit einer einwöchigen Fahrt an. Man kann dann im Folgejahr immer noch aufstocken, wenn man der Ansicht ist, dass sie das schaffen.

Auch sollen sich die Jupfis noch etwas intensiver orientieren. Dein Verhalten als Leiter soll anleitend sein und die besondere Lebensphase Deiner Schützlinge berücksichtigen. Gib den Jupfis etwas mehr Raum zur Orientierung. Zu Näherem empfehle ich Dir, in der Ordnung und Satzung des Verbandes unter „Stufenpädagogik" nachzuschlagen.

》《 Werbung und Öffentlichkeitsarbeit

Neue Mitglieder, gute neue Mitglieder zu bekommen ist nicht immer ganz einfach. Leitermangel ist in den meisten Stämmen ein immer aktuelles Problem. Kindermangel aber leider auch oft. Unser Verband ist offen für alle, die mitmachen wollen. Aber wie finden wir die, bzw. wie finden die uns?

Nun, so krass es klingt, hier geht es um knallhartes Marketing! Entsprechend will ich einige Ideen einbringen.

Klassische Flyerwerbung

Welcher Stamm hat nicht schon einen Flyer entworfen? Der wird dann ein paar hundert mal kopiert und die Pfadfinder werden losgeschickt diese in Briefkästen zu schmeißen, oder sie sind auch unterstützend als Infoflyer immer mit dabei, wenn man sich anderweitig präsentiert. Ob Du einen einseitigen A5-Flyer in schwarz-weiß machst oder einen 6-seitigen Farbfolder in Hochglanzdruck, es gilt einige kleine Grundlagen zu beachten:

Aus der Überschrift muss klar sein, worum es euch geht bzw. wer ihr seid! Vergiss nicht vollständige Kontaktdaten daraufzusetzen, also vollständiger Name mindestens eines

Ansprechpartners samt Postanschrift und Telefonnummer, das zeugt von Transparenz und damit von Seriosität.

Schreibe ruhig einen erklärenden Text, aber nicht zu viel! Fasse Dich kurz. Ein Satz ist Einleitung genug, Menschen legen einen Flyer sonst aus der Hand.

Erkläre in knappen Worten, welchen Vorteil der Betreffende davon hat, wenn er Mitglied bei Euch wird. Was bringt es ihm?

Werbung an Schulen

Wenn irgend möglich, gehe in die Schulen! Gehe in die Klassen und präsentiere Euch! Erzähle was ihr macht, was ihr erlebt! Von Euren pädagogischen Zielen kannst Du den Lehrern erzählen, den Kindern aber erzähle von Abenteuern, von Lagern und Fahrten, vom Feuerkreis, von den Spielen und den Nächten unterm Sternenzelt! Bringe ihnen Eure Flyer mit, schreibe einen Elternbrief und gebe ihn jedem Kind mit! Lade die Kinder zu Gruppenstunden ein und plane eine Aktion, ob Hütte oder Wochenendlager, zu der ihr sie ganz unverbindlich einladet.

Lokalzeitung

Werbeannoncen in der Lokalzeitung sind nicht nur schweineteuer sondern auch ungefähr so hilfreich wie ein Taschenmesser beim Bäumefällen. Aber wenn Du so eine Zeitung mal durchblätterst, so wirst Du Artikel zu Themen finden, „da graust's der Sau". Die armen Redakteure müssen auch jeden Tag so eine Zeitung vollbekommen.

Also, bombardiere Eure Zeitung mit Artikeln! Und wenn Ihr nur eine Stammesversammlung gemacht habt, eine Wochenendfahrt, eine Pfadiparty, oder sonst etwas, schreibe was und schicke es hin!

Fußgängerzonenaktionen

Diese Art der Werbung ist natürlich etwas umständlicher. Zuerst braucht man eine Genehmigung, zumeist vom Ordnungsamt. Dann braucht man einen kleinen Stand, Infomaterial und am besten noch ein Programm, wie z.B. Kinderbespaßung. Wir wollen uns doch vom Greenpeacestand nebenan abheben, deswegen ein Programm! Eines schauen wir uns aber von unseren Nachbarständen bei Greenpeace auf der einen Seite und dem Tierschutzverein „Save the deutsche Stechmücke" auf der anderen Seite unseres Standes doch ab: Wir stehen nicht da, wie bestellt und nicht abgeholt, wir gehen auf die Leute zu und quatschen sie an! Es mag sexistisch klingen, aber rekrutiere dazu eure hübschesten Roverinnen und Leiterinnen. Die sind einfach viel zu nett, mit ihrem zuckersüßen Lächeln, als dass man einfach so an ihnen vorbeigeht.

Empfehlungswerbung

Warte nicht darauf bis jemand von selber auf die Idee kommt, Euch als tollen Jugendverband weiterzuempfehlen. Sorge dafür! Frage Deine Kinder nicht, ob sie mal Lust haben jemanden mitzubringen aus ihrer Klasse oder so, sondern frage sie direkt „wer von Deinen Freunden, Klassenkameraden etc. würde sicher viel Spaß bei uns haben und in die Gruppe passen?". Schicke Deine Kids und auch deren Eltern direkt los neue Mitglieder zu rekrutieren.

Ehrenamtliche Außenwirkung

Was könnte Kinder und Jugendliche interessieren, was ihr oder jemand aus Deinen Stamm bieten könnt? Bietet ehrenamtlich – also kostenlos – das dann auch an. Ich z.B. bin beruflich als Bildungsdienstleister unterwegs und biete damit als Pfadfinder dann (mit dem Stamm als Veranstalter) kostenlose Seminare für Schüler an. Damit stehen wir auch gleich in Kontakt mit den Schulen.

Es müssen jetzt nicht gleich Seminare sein, was da organisiert wird, aber schau Dich doch mal um, was Deine Leute so drauf haben! Da gibt es sicher einiges, was man tun kann. Und wenn es die alljährliche Teilnahme mit Kinderbetreuung am Pfarrfest ist. Und wenn drei Deiner Leute aus der Roverstufe sowieso ne Rockband aufmachen wollten, dann veranstaltet als Stamm ein öffentliches Konzert. Und wer jetzt nicht sofort daran denkt, dazu auch gleich einen Zeitungsartikel zu schreiben, der lese noch mal den entsprechenden Punkt weiter oben ganz genau durch!

⟫⟨ Buchempfehlungen

Es gibt viele gute Pfadfinderbücher. Ich habe zwar vor, dieses Handbuch immer mehr zu erweitern, aber wenn ich wirklich alles unterbringen will, dann haben wir irgendwann so eine Art Brockhaus in 27 Bänden hier liegen. So etwas passt nicht nur schwer in den Wanderrucksack, sondern schreckt gerade junge Leiter eher ab. Pfadfinderei ist außerdem schließlich (noch) kein Masterstudiengang an deutschen Universitäten. Deswegen zu vielen hier auch nur angeschnittenen Themen meine Buchempfehlungen an Euch.

Zur Geschichte der dt. Jugendbewegung & Pfadfinderei

„Jugendbewegung für Anfänger"

von „Florian Malzacher" und „Matthias Daenchel"

ISBN: 3-88258-131-X erschienen im Verlag der Jugendbewegung

„Gründerväter der Pfadfinderbewegung"

von „Stephan Schrölkamp"

ISBN: 3-88778-226-7 erschienen im Spurbuchverlag

„Jugend im dritten Reich" von „Prof. Dr. Arno Klönne"

ISBN:3-89438-261-9 erschienen im PapyRossa Verlag

Die Puls-Reihe – Dokumentationsschrift der Jugendbewegung

ISSN: 0342-3328 erschienen im Verlag der Jugendbewegung

„Der Weite Weg" von „Lothar Fröher"

ISBN: 3-88258-082-8 erschienen im Verlag der Jugendbewegung

Techniken, Pädagogik und Praxisratgeber

„Querweltein" von „Mawa"

ISBN: 3-92734-908-9 erschienen im Georgsverlag

„Die Gruppenstunde" von „Jasmin Müller-Alefeld"

ISBN: 3-88778-176-7 erschienen im Spurbuchverlag

„Handbuch für Pfadfinder" von „Klaus Eicheler"

ISBN: 3-87249-134-2 erschienen im Carl Gerber Verlag

„Der kleine Komolze" von „Momo und Pato"

Bezug über: http://komolze.de

Pfadfinderphilosophie

„Heranwachsen im Bündischen Geist"

von „Friedrich Karl Rothe"

ISBN: 3-88778-277-1 erschienen im Spurbuchverlag

„Bündisch Leben – Wozu" von „Alexej Stachowitz"

ISBN: 3-88778-199-6 erschienen im Spurbuchverlag

„Erkenntnis und Erfüllung" von „Hanns Corelissen"

ISBN: 3-88778-234-8 erschienen im Spurbuchverlag

„Sinndeuter" von „Peter Bleeser"

ISBN: 3-92734-922-4 erschienen im Georgsverlag

„Kohtenpostille – Wege der Freundschaft"

von „Friedrich Karl Rothe"

ISBN: 978-3-88258-106-5 erschienen im Verlag der Jugendbewegung

Liederbücher

„Liederbock" Liederbuch des VCP Bezirks Homburg

Bezug über http://bezirk-homburg.de

Zeitschriften

„Scouting" überverbandliche Pfadfinderzeitschrift

ISSN 0176-4624 aus dem Spurbuchverlag

der eisbrecher – Zeitschrift der Bündischen Jugend

ISSN 0342-1597 aus dem Verlag der Jugendbewegung

Stichwort – Themenzeitschrift

ISSN 03242-3336 aus dem Verlag der Jugendbewegung

〉〉〈 Internetempfehlungen

In der heutigen Zeit ist das Internet die Informationsquelle schlechthin. Sie kann Bücher aus meiner Sicht nicht voll und ganz ersetzen, aber sie ist auch nicht mehr weg zu denken und erst recht nicht zu vernachlässigen.

Deswegen zusätzlich nach den Buchempfehlungen auch einige Internetempfehlungen.

Ausrüster

http://wiese-outdoor.de/

Guter Ausrüster nicht nur für Pfadfinder

http://troll.de/

Super Jurten und Kohten, beste Qualität.

http://www.keramik.de.be/

Keramik in Handarbeit für Pfadfinder & Co

http://www.scout-berlin.de/

Pfadfinderladen

Schwarzzeltaufbau

http://www.troll.de/aufbau_kohte.htm

Optimaler Aufbau einer Kohte (Jurten sind auch dabei)

Musizieren

http://deutscheslied.com/

Die Liederseite im Netz

http://www.bezirk-homburg.de/

vcp-Homburg, Tolles Liederbuch

Onlineportale

http://www.scoutnet.de/

Das Pfadfinderportal scoutnet

http://pfadfinder-treffpunkt.de/

Das überbündische Internetportal

http://www.scoutmix.de/

Sowas wie StudiVZ, aber für Pfadfinder

Pfadfinderliteratur

http://www.jugendbewegung.de/

Der Verlag der Jugendbewegung

http://spurbuch.de/

Lesenswerte Pfadfinderliteratur

http://www.komolze.de/

Der kleine Komolze, das Lesekochbuch

Ratgeber & Co

http://www.scout-o-wiki.de/

online Pfadfinderlexikon

http://www.aufsichtspflicht.de/

Rund ums Thema Aufsichtspflicht

http://www.gruppenstunden-ideen.de/

Ideen für die Gruppenarbeit

>>< Über den Autor

Wie komme ich dazu, ein bündischen DPSGler zu werden? Noch dazu aus einer Gegend stammend, die Bündische noch nicht mal dem Namen nach kennt? Mit 16 war ich noch voll davon überzeugt, es gäbe nur die Ringverbände in Deutschland. Dennoch bin ich bündisch geworden und gleichzeitig DPSGler geblieben. Tabellarisch findest Du hinreichend Informationen über mich auf meiner Internetseite. Aber dies ist doch der geeignetere Platz mein Empfinden meiner pfadfinderischen Entwicklung in Worte zu fassen.

Nun, es fing so harmlos an wie bei den meisten Kindern: Ich kam mal so schnuppernder Weise in eine Wölflingsgruppe. Mit der Zeit, wurde ich ein sehr enthusiastischer Pfadfinder. Ich hatte in meinem Stamm jedoch schon immer das Glück, das dieser sehr auf Fahrten setzte, auch wenn diese nicht explizit als Fahrten bezeichnet wurden. Aber meine Jungpfadfinderfahrradtour oder die Floßfahrt auf der Donau bezeichne ich rückwirkend eindeutig als Fahrt.

Aber mit 15 war ich nicht mehr so ganz zufrieden mit dem, wie die Pfadfinderei in meinem Stamm lief. Es war klasse, hat mir Spaß gemacht, jedoch stellte sich für mich die eine Frage „Da muss es doch mehr geben?"

Dann viel mir die aktuelle Ausgabe der Verbandsinternen Pfadfinderzeitschrift in die Hände, in welcher internationale Pfadfinderlager ausgeschrieben waren. Ein Lager fiel mir besonders ins Auge, ein „International Jamboree" in Island. Seit über 3 Jahren habe ich damals bereits mit Brieffreunden aus aller Welt korrespondiert, darunter auch Pfadfinder aus Island. Es war Schuljahresanfang und da sich niemand sonst aus meiner Truppe für die Idee, dieses Großlager zu besuchen, begeistern konnte, begann mein alleiniges Projekt „Island!" Ich begann also zu arbeiten um Geld zu verdienen (Das ganze Unternehmen hat mich alles in allem 2000 DM gekostet, wofür ich ein Jahr lang arbeiten musste) und es gingen Faxe und Briefe zwischen mir, den isländischen Pfadfindern und dem Bundesamt hin und her (ja, es war noch die Zeit vor den Emails).

Das Jamboree in Island selbst, welches ich dann im Alter von 16 Jahren erlebte, war der Höhepunkt meines damaligen Pfadfinderdaseins. Ich war glücklich in der internationalen Pfadfinderei. Im nächsten Jahr suchte ich mir wieder eine solche Veranstaltung, diesmal in England. Wieder ein kleines Jamboree (etwa 6000 Teilnehmer) welches über eine Woche ging. Insgesamt blieb ich aber 4 Wochen in England, blieb bei Pfadfinderfreunden und bin quer durch England getrampt.

Im Jahr 2001 folgte abermals eine Alleinfahrt, diesmal etwas anders. Es war der Sommer nach dem Abi, welcher die Grenze zwischen „Bei den Eltern leben" und „Eigene Bude" markierte. Also bin ich mit einem kleinen Zelt auf dem Rucksack, einem Open-Return-Busticket nach Oslo sowie 500 DM in der Tasche und einem Tramperschild in der Hand nach Oslo gefahren und kam 7 Wochen später wieder zurück. Es war für mich eine Art Grenzerfahrung. Ich möchte behaupten, diese Fahrt war eine Initiation.

Im Herbst 2001 kam ich per Internet (Danke ans Rechenzentrum der Hochschule) zum ersten mal in Kontakt mit Bündischen. Zu dieser Zeit war ich bereits Leiter in der DPSG. Nun, aus diesen Kontakten wurden Treffen, später dann Teilnahmen an Singefesten, aus diesen Treffen wurden Freundschaften und aus diesen Freundschaften wuchsen Fahrtenerlebnisse. Im Sommer 2004 juckte es mich wieder im Daumen, meine Alleinfahrt war 3 Jahre her. Also habe ich wieder den Rucksack aufgeschnallt und habe mich trampender Weise auf Deutschlandrundfahrt gemacht.

Diese Gelegenheit habe ich genutzt, mit recht vielen (mir noch unbekannten) Bündischen in Kontakt zu kommen. Spätestens seit dieser Fahrt, bezeichne ich mich eindeutig als Bündischer, denn da habe ich in mir für mich meine Lebenseinstellung gefunden.
